# EL PENTATEUCO COMPLETO

## SERIE-LECHE Y MIEL

### DR. JOSE DE LA ROSA

El Pentateuco Completo

Derecho de autor © 2019, por el Dr. José De La Rosa.

Todos los derechos reservados. A excepción de algunas citas breves en las revisiones impresas, ninguna parte de este libro puede ser reproducido, almacenado en ningún sistema de recuperación o transmitirse de ninguna forma (impresa, escrita, fotocopiada, electrónica visual, audio o de otra manera sin el permiso por escrito del autor).

Gran parte de este libro está basado en el material de estudios bíblicos de los ministerios, gotquestions.org y gotanswer.org. usado con permiso de los autores.

**ISBN:** 9781674524641

Primera impresión— noviembre del 2019

Diseño de cubierta por el Dr. José De La Rosa.

Editado y revisado por el Dr. José De La Rosa

Impreso en los Estados Unidos de América.

Publicado y distribuido por Faith Publishers, Buford Georgia USA

TABLA DE CONTENIDOS

INTRODUCCION

1-¿Qué es el Pentateuco?

2-¿Por qué debemos estudiar el Antiguo Testamento?

3-¿Qué podemos aprender de la vida de Moisés?

4-¿Qué es el pacto mosaico?

5-¿Qué es la hipótesis documentaria?

6-¿Qué es la teoría JEDS?

7-¿Todavía existe la Biblia original?

8-¿Cuáles son las diferentes teorías de la inspiración bíblica?

9-¿Qué dice la Biblia acerca de la forma de gobierno de la iglesia?

10-¿Cuáles son los libros de la Biblia? ¿Qué significa que la Biblia está compuesta de diferentes libros?

11-¿Qué son la crítica de redacción y la crítica mayor?

12- Estudio del Antiguo Testamento

13-¿Enseña la Biblia sobre el pecado mortal y venial?

14-¿Qué es teología bíblica?

15-¿Cuál fue el papel del Espíritu Santo en el Antiguo Testamento?

16-¿Fue justo el diluvio en el tiempo de Noé?

17-¿Enseña Juan 3:5 que el bautismo es necesario para la salvación?

18-¿Qué es el humanismo secular?

19-¿Cuál fue el significado de que el velo del templo se haya rasgado en dos cuando Jesús murió?

20-¿Cuál es la diferencia entre el cristianismo y el judaísmo?

21-¿Cómo es una eternidad en el infierno, un castigo justo por el pecado?

22-¿Qué sucedió con el Arca del Pacto?

23-¿Qué era el lugar santísimo?

24-¿Qué es el día de la expiación (Yom Kippur)?

25-¿Cuáles fueron los diferentes sacrificios en el antiguo testamento?

26-¿Cuál fue el cautiverio o el exilio babilónico?

27-¿Por qué Dios requería de sacrificios de animales en el Antiguo Testamento?

28-¿Qué es el propiciatorio?

29-¿Cuál es el reino de Dios?

30-¿Cuál es la postura de los preteristas sobre el final de los tiempos?

31-¿Qué es el Muro de los Lamentos?

# INTRODUCCION

# Estudios Cortos de la Biblia

Un buen resumen / estudio de la Biblia es difícil de lograr. La Biblia está compuesta por 2 testamentos, 66 diferentes libros, 1,189 capítulos, 31,173 versos, y 773,692 palabras. Los diferentes libros de la Biblia cubren diferentes temas y fueron dirigidos a diferentes audiencias. Los libros de la Biblia fueron escritos aproximadamente por 40 diferentes hombres, en un período de aproximadamente 1500 años. Por esta razón un resumen / estudio de toda la Biblia es una tarea importante.

Al mismo tiempo, el Espíritu Santo fue el autor "inspirador" de la Biblia. Dios "exhaló" Su Palabra y utilizó a los profetas y apóstoles para escribirla (2 Timoteo 3:16-17; 2 Pedro 1:21). Adicionalmente, todos aquellos que han puesto su fe en Jesucristo, tienen al Espíritu Santo morando en ellos (Romanos 8:9; 1 Corintios 12:13). El Espíritu Santo desea ayudarnos a comprender la Biblia (1 Corintios 2:10-16).

El propósito de nuestra sección del resumen / estudio de la Biblia, es proporcionar un conocimiento básico de cada libro de la Biblia. En la información de cada libro de la Biblia, se incluirá el autor, fecha en que se escribió, propósito de su escritura, versículos claves y un breve resumen. Esperamos sinceramente que nuestra sección de resumen / estudio de la Biblia, les ayude a entenderla

# CAPITULO 1
# ¿Qué es el Pentateuco?

El Pentateuco es el nombre conferido a los primeros cinco libros de la Biblia. Algunos eruditos bíblicos creen que fue escrito casi en su totalidad por Moisés. Aunque los mismos libros del Pentateuco no identifican específicamente al autor, hay muchos pasajes que se atribuyen a Moisés, o como si fueran sus palabras. (Éxodo 17:14; 24:4-7; Números 33:1-2; Deuteronomio 31:9-22). Una de las más importantes evidencias de que Moisés sea el autor del Pentateuco es que Jesús mismo se refiere a esta sección del Antiguo Testamento como la "Ley de Moisés" (Lucas 24:44). Aunque algunos de los versículos en el Pentateuco parecen haber sido añadidos por alguien diferente a Moisés – por ejemplo, Deuteronomio 34:5-8, que describe la muerte y sepultura de Moisés – muchos expertos atribuyen la mayoría de estos libros a Moisés. Aún si Josué o alguien más hubieran escrito los manuscritos originales, su enseñanza y revelación provinieron de Dios a través de Moisés, y sin importar quién escribiera físicamente estas palabras, el autor indiscutible es Dios y Sus libros siguen siendo Su inspiración.

La palabra "Pentateuco" viene de la combinación de la palabra griega penta, que significa "cinco", y "teuchos" que puede ser traducida como "rollo o pergamino". Por lo tanto, "Pentateuco" simplemente se refiere a los cinco rollos que comprenden la primera de las tres divisiones del canon judío. El nombre "Pentateuco" se remonta al año 200 d.C. cuando Tertuliano se refirió a los primeros cinco libros de la Biblia con ese nombre. También conocidos como la

Torá, que es la palabra hebrea para "Ley", estos cinco libros de la Biblia son Génesis, Éxodo, Levítico, Números y Deuteronomio.

Los judíos generalmente dividen el Antiguo Testamento en tres diferentes secciones - La Ley, Los Profetas y las Escrituras. La Ley (o la Torá) contiene los antecedentes históricos de la creación y la elección de Dios de Abraham y la nación judía como Su pueblo elegido. La Torá también contiene la ley dada a Israel en el Monte Sinaí. La Escritura se refiere a estos cinco libros por varios nombres. En Josué 1:7, se le llama "…toda la 'ley' (Torá) que mi siervo Moisés te mandó." En 1 Reyes 2:3 la llaman también "…la Ley de Moisés."

Los cinco libros de la Biblia que forman el Pentateuco son el inicio de la revelación progresiva de Dios al hombre. En Génesis encontramos el principio de la creación, la caída del hombre, la promesa de redención, el comienzo de la civilización humana y el inicio del pacto y la relación de Dios con Su pueblo elegido, Israel.

El siguiente libro es Éxodo, que registra la liberación de Dios de Su pueblo, y Su preparación para poseer la Tierra Prometida que Dios había separado para ellos. Éxodo narra la liberación de Israel en Egipto después de 400 años de esclavitud, tal como Dios lo prometió a Abraham (Génesis 15:13). Éxodo presenta el pacto que Dios hace con Israel en el Monte Sinaí, Sus instrucciones para construir el tabernáculo, la institución de los Diez Mandamientos y otras instrucciones sobre la forma en que Israel habría de adorar a Dios.

Levítico sigue a Éxodo y amplía las instrucciones sobre cómo el pueblo del pacto (Israel) debía adorar a Dios y cómo gobernarse a sí mismos. Establece también los requerimientos del sistema de sacrificio, que permitiría a Dios pasar por alto los pecados de Su pueblo hasta el cumplimiento del perfecto sacrificio de Cristo que expiaría totalmente los pecados.

Después de Levítico está Números, que cubre eventos claves durante los 40 años que Israel vagó por el desierto, y también da instrucciones para adorar a Dios y cómo vivir como el pueblo de Su pacto. El último de los cinco libros que comprenden el Pentateuco es Deuteronomio. A veces se le nombra como la "segunda ley" o la "repetición de la ley." Deuteronomio registra las últimas palabras de Moisés antes que el pueblo de Israel entrara a la Tierra Prometida. (Deuteronomio 1:1). En Deuteronomio, la ley de Dios entregada en el Monte Sinaí se repite y se amplía. Mientras Israel entraba en un nuevo capítulo en su historia, Moisés les recuerda los mandamientos de Dios y las bendiciones que recibirían si obedecían a Dios, así como las maldiciones que vendrían sobre ellos si le desobedecían.

Los cinco libros del Pentateuco generalmente son considerados como libros históricos, porque registran eventos históricos del pueblo de Israel. Aunque a menudo son llamados la Torá o la Ley, en realidad contienen mucho más que leyes. Éstos nos dan un panorama general del plan de redención de Dios y nos proporcionan el telón de fondo para todo lo que sigue en la Escritura. Como el resto del Antiguo Testamento, las promesas, simbolismos, y profecías contenidas en el Pentateuco, tienen su cumplimiento final en la persona y obra de Jesucristo.

# CAPITULO 2

# ¿Por qué debemos estudiar el Antiguo Testamento?

Hay muchas razones para estudiar el Antiguo Testamento. Para empezar, el Antiguo Testamento establece la base para las enseñanzas y eventos que se encuentran en el Nuevo Testamento. La Biblia es una revelación progresiva. Si te saltas la primera mitad de cualquier buen libro y tratas de terminarlo, tendrás dificultades para entender los personajes, la trama, y el final. De la misma manera, el Nuevo Testamento sólo se entiende plenamente cuando vemos su fundamento de los eventos, personajes, leyes, sistema sacrificial, pactos y promesas del Antiguo Testamento.

Si solo tuviéramos el Nuevo Testamento, al venir a los Evangelios, no sabríamos por qué los judíos estaban buscando al Mesías (un Rey Salvador). Sin el AT, no comprenderíamos por qué este Mesías vendría (ver Isaías 53); no seríamos capaces de identificar a Jesús de Nazaret como el Mesías a través de muchas detalladas profecías que fueron dadas concerniente a Él (por ej., Su lugar de nacimiento (Miqueas 5:2); el modo en que moriría (Salmos 22, especialmente vv. 1, 7-8, 14-18; Salmos 69:21), Su resurrección (Salmos 16:10), y muchos más detalles sobre Su ministerio (Isaías 52:13; 9:2).

Sin el AT, no entenderíamos las costumbres judías que son mencionadas en pasajes del NT. No entenderíamos las perversiones que hicieron los fariseos a la ley de Dios, al añadirle sus tradiciones. No entenderíamos por qué Jesús estaba tan enfadado mientras Él purificaba el patio del templo. No entenderíamos que podemos usar la misma sabiduría que usó Jesucristo en Sus muchas respuestas a Sus adversarios.

Sin el Antiguo Testamentos nos perderíamos de numerosas profecías detalladas que sólo pudieron cumplirse porque la Biblia es la Palabra de Dios, no de los hombres (p. ej., Daniel 7 y los capítulos siguientes). Estas profecías dan detalles específicos sobre el levantamiento y caída de naciones. Estas detalladas profecías son tan exactas que los escépticos atacan diciendo que tuvieron que haber sido escritas después de los hechos.

Debemos estudiar el Antiguo Testamento debido a las innumerables lecciones que contiene para nosotros. Al observar las vidas de los personajes del Antiguo Testamento, encontramos una guía para nuestras propias vidas. Se nos exhorta a confiar en Dios sin importar lo que suceda (Daniel 3). Aprendemos a mantenernos firmes en nuestras convicciones (Daniel 1) y a esperar la recompensa de la fidelidad (Daniel 6). Podemos aprender que es mejor confesar el pecado pronta y sinceramente, en lugar de pasar la culpa a otros (1 Samuel 15). Podemos aprender a no jugar con el pecado, porque nos encontrará (Ver Jueces 13-16). Aprendemos que el pecado tiene consecuencias, no sólo para nosotros mismos, sino para nuestros seres amados y a la inversa, que nuestro buen comportamiento tiene recompensas no sólo para nosotros sino también para aquellos que están a nuestro alrededor (Éxodo 20:5-6).

Un estudio del Antiguo Testamento también nos ayuda a entender la profecía. El Antiguo Testamento contiene muchas promesas que Dios aún cumplirá para la nación judía. El Antiguo Testamento revela cosas tales como la duración de la Tribulación, cómo el futuro reinado de 1,000 años de Cristo cumple Sus promesas a los judíos, y cómo la conclusión de la Biblia ata los finales sueltos que fueron desentrañados en el principio de los tiempos.

En resumen, el Antiguo Testamento nos permite aprender a amar y servir a Dios, y nos revela más acerca del carácter de Dios. Revela a través del repetido cumplimiento de las profecías, por qué la Biblia es única entre todos los libros sagrados – solamente ella puede demostrar que es lo que clama ser: la inspirada Palabra de Dios. En pocas palabras, si aún no te has aventurado en las páginas del Antiguo Testamento, te estás perdiendo de mucho de lo que Dios ha dispuesto para ti.

# CAPITULO 3

# ¿Qué podemos aprender de la vida de Moisés?

Moisés es una de las figuras más destacadas en el antiguo testamento. Mientras que Abraham es llamado "padre de los fieles" y el destinatario del incondicional pacto de gracia de Dios con Su pueblo, Moisés fue el hombre escogido para traer la redención a Su pueblo. Concretamente, Dios eligió a Moisés para guiar a los israelitas del cautiverio en Egipto y llevarlos a la salvación en la tierra prometida. Moisés también es reconocido como el mediador del antiguo pacto, y se conoce comúnmente como el dador de la ley. Por último, Moisés es el autor principal del pentateuco, los libros fundamentales de toda la biblia. El papel de Moisés en el antiguo testamento, es una sombra y tipología del papel que Jesús desempeña en el nuevo testamento. Como tal, su vida definitivamente vale la pena estudiarla.

La primera vez que nos encontramos con Moisés, es en los primeros capítulos del libro de Éxodo. En el capítulo 1, descubrimos que, después de que el patriarca José rescató a su familia de la gran hambruna y los situó en la tierra de Gosén (en Egipto), los descendientes de Abraham vivieron en paz durante varias generaciones, hasta que subió al poder en Egipto un faraón que "no conocía a José" (Éxodo 1:8). Este faraón esclavizó al pueblo hebreo y los utilizó como esclavos para sus grandes proyectos de construcción. Por causa de que Dios había bendecido el pueblo hebreo con un rápido crecimiento numérico, los egipcios comenzaron a tener miedo del creciente número de judíos que vivían en sus tierras. Por lo tanto, el faraón ordenó la muerte de todos los hijos varones nacidos de mujeres hebreas (Éxodo 1:22).

En Éxodo 2, vemos que la madre de Moisés intenta salvar a su hijo colocándolo en una canasta y poniéndolo en el Nilo. La canasta finalmente la encontró la hija del faraón, y ella lo adoptó como si fuera su hijo y lo educó en el palacio del mismísimo faraón. Mientras Moisés crecía hasta su edad adulta, comenzó a identificarse con el sufrimiento de su pueblo. Cuando presenciaba que un egipcio estaba golpeando a un esclavo hebreo, Moisés intervino y mató al egipcio. En otro incidente, Moisés intentó intervenir en una disputa entre dos hebreos, pero uno de los hebreos reprendió a Moisés y sarcásticamente comentó, "¿Piensas matarme como mataste al egipcio?" (Éxodo 2:14). Dándose cuenta de que su acto criminal se conoció, Moisés huyó a la tierra de Madián donde intervino nuevamente; esta vez en el rescate de las hijas de Jetro por parte de algunos bandidos. En agradecimiento, Jetro (también llamado Reuel) dio su hija Séfora por mujer a Moisés (Éxodo 2:15-21). Moisés vivió en Madián por cerca de cuarenta años.

El siguiente incidente importante en la vida de Moisés, fue su encuentro con Dios en la zarza ardiente (Éxodo 3-4), donde Dios llamó a Moisés para ser el salvador de Su pueblo. A pesar de su excusa inicial y directa petición para que Dios enviara a alguien diferente, Moisés accedió a obedecer a Dios. Dios prometió enviar a Aarón, hermano de Moisés, junto con él. El resto de la historia es bastante conocida. Moisés y su hermano Aarón, van a faraón en nombre de Dios y le exigen que deje ir al pueblo para adorar a su Dios. El faraón obstinadamente se niega, y diez plagas del juicio de Dios caen sobre el pueblo y la tierra, siendo la última plaga la matanza de los primogénitos. Antes de esta última plaga, Dios ordena a Moisés que instituya la pascua, lo cual es un recordatorio del acto salvífico de Dios para redimir a Su pueblo de la esclavitud en Egipto.

Después del Éxodo, Moisés llevó al pueblo a la orilla del mar Rojo, donde Dios proveyó otro milagro para salvarlos, al dividir las aguas y permitiendo que los hebreos pasaran al otro lado al tiempo que se ahogaba el ejército egipcio (Éxodo 14). Moisés llevó al pueblo al pie del monte Sinaí, donde se dio la ley y se estableció el antiguo pacto entre Dios y la recién formada nación de Israel (Éxodo 19-24).

El resto del libro de Éxodo y todo el libro de Levítico se lleva a cabo mientras los israelitas acampan al pie del monte Sinaí. Dios le da a Moisés instrucciones detalladas para la construcción del tabernáculo, el cual era una carpa itinerante de adoración que podía montarse y desmontarse para que fácilmente se pudiera transportar, y para hacer que los utensilios de la adoración, los vestidos sacerdotales, y el arca del pacto, fueran un símbolo de la presencia de Dios en medio de Su pueblo, así como el lugar donde el sumo sacerdote llevaría a cabo la expiación cada año. Dios también le da a Moisés instrucciones explícitas sobre cómo Dios quiere ser adorado y las pautas para mantener la pureza y santidad entre el pueblo. El libro de Números ve a los israelitas moverse desde el Sinaí hasta el borde de la tierra prometida, pero ellos se niegan a ir cuando diez de los doce espías traen un reporte desalentador sobre la capacidad de Israel de apoderarse de la tierra. Dios condena esta generación de judíos a morir en el desierto por su desobediencia, y los somete a cuarenta años para divagar por el desierto. Al final del libro de Números, la próxima generación de Israelitas vuelve a la frontera de la tierra prometida y se prepara para confiar en Dios y tomarla en fe.

El libro de Deuteronomio muestra a Moisés dando discursos al pueblo a manera de sermón, recordándoles el poder salvífico de Dios y Su fidelidad. Él da la segunda lectura de la Ley (Deuteronomio 5) y prepara esta generación de israelitas para recibir las promesas de Dios. A Moisés mismo se le prohíbe la entrada a la tierra a causa de su pecado en Meriba (Números 20:10-13). Al final del libro de Deuteronomio, se registra la muerte de Moisés (Deuteronomio 34). Él subió el monte Nebo y se le permite mirar la tierra prometida. Moisés tenía 120 años cuando murió, y la biblia registra que "sus ojos nunca se oscurecieron, ni perdió su vigor" (Deuteronomio 34:7). El Señor mismo enterró a Moisés (Deuteronomio 34:5-6), y Josué asumió como líder del pueblo (Deuteronomio 34:9). Deuteronomio 34:10-12 dice, "Y nunca más se levantó profeta en Israel como Moisés, a quien haya conocido al Señor cara a cara; nadie como él en todas las señales y prodigios que el Señor le envió a hacer en tierra de Egipto, a faraón y a todos sus siervos y a toda su tierra, y en el gran poder y en los hechos grandiosos y terribles que Moisés hizo a la vista de todo Israel".

Lo anterior es sólo un breve bosquejo de la vida de Moisés y no habla de su interacción con Dios, la forma en que condujo el pueblo, algunas de las maneras específicas en que él tipifica al señor Jesucristo, su centralidad en la fe judía, su aparición en la transfiguración de Jesús, y otros detalles. Sin embargo, nos da un panorama del hombre. Así que, ahora, ¿qué podemos aprender de la vida de Moisés? La vida de Moisés generalmente se divide en tres períodos de 40 años. El primer periodo, es su vida en la corte del faraón. Como el hijo adoptivo de la hija del faraón, Moisés debió haber tenido todas las ventajas y privilegios de un príncipe de Egipto. Él fue instruido "en toda la sabiduría de los egipcios; y era poderoso en sus palabras y obras" (Hechos 7:22). Como el sufrimiento de los hebreos comenzó a inquietar su alma, Moisés se encargó por su propia cuenta de ser el salvador de su pueblo. Como dice Esteban ante los líderes judíos, "[Moisés] pensaba que sus hermanos comprendían que Dios les daría libertad por mano suya" (Hechos 7:25). A partir de este incidente, aprendemos que Moisés era un hombre de acción, así como un hombre que tenía un temperamento fuerte y propenso a acciones imprudentes. ¿Quería Dios salvar a Su pueblo? Sí. ¿Quería Dios usar a Moisés como Su instrumento escogido de salvación? Sí. Pero Moisés, si estaba o no verdaderamente consciente de su papel en la salvación del pueblo hebreo, actuó precipitada e impetuosamente. Él trató de hacer en su tiempo lo que Dios quería hacer en Su tiempo. La lección para nosotros es evidente: debemos ser conscientes no sólo de hacer la voluntad de Dios, sino de hacer Su voluntad en Su tiempo y no en el nuestro. Como es el caso de muchos otros ejemplos bíblicos, cuando tratamos de hacer la voluntad de Dios en nuestro tiempo, podemos empeorar más las cosas de lo que existía al comienzo.

Moisés necesitaba tiempo para crecer, madurar y aprender a ser manso y humilde ante Dios; esto nos lleva al siguiente capítulo en la vida de Moisés, sus 40 años en la tierra de Madián. Durante este tiempo, Moisés aprendió la vida sencilla de un pastor, un marido y un padre. Dios tomó un hombre impulsivo y con un temperamento fuerte y comenzó el proceso de moldearlo y formarlo como el instrumento perfecto que Él iba a usar. ¿Qué podemos aprender de este momento en su vida? Si la primera lección es esperar el tiempo de Dios, la segunda lección es no estar ociosos mientras esperamos en el tiempo de Dios. Aunque la biblia no dedica mucho tiempo a los detalles de esta parte de la vida de Moisés, no es como si Moisés hubiera estado sentado de brazos cruzados esperando el llamado de Dios. Pasó la mejor parte de los 40 años aprendiendo las costumbres de un pastor, apoyando y criando una familia. ¡Estas no son cosas insignificantes! Aunque podamos anhelar las experiencias "más espectaculares" con Dios, 99 por ciento de nuestras vidas se viven en el valle, haciendo las cosas terrenales y del día a día que conforman nuestra vida. Necesitamos vivir para Dios "en el valle" antes de que Él nos enliste para la batalla. A menudo es en las cosas aparentemente triviales de la vida que Dios nos entrena y nos prepara para Su llamado en Su tiempo.

Otra cosa que vemos de Moisés durante su tiempo en Madián es que, cuando Dios finalmente lo llamó al servicio, este se resistió. Moisés, el hombre de acción en sus primeros años de vida, ahora de 80 años, se convirtió en una persona demasiado tímida. Cuando se le llamó para hablar en nombre de Dios, dijo que era "soy tardo en el habla y torpe de lengua" (Éxodo 4:10). Algunos comentaristas creen que Moisés pudo haber tenido un impedimento del habla. Quizás, pero entonces sería extraño que Esteban dijera que Moisés era "poderoso en palabras y obras" (Hechos 7:22). Probablemente, Moisés no quería regresar a Egipto y volver a fracasar. Esta no es una sensación extraña. ¿Cuántos de nosotros hemos intentado hacer algo (si era o no de Dios) y hemos fracasado, y luego estar dudosos para volver a intentar? Hay dos cosas que Moisés parece haber pasado por alto. Una, fue el cambio obvio que había ocurrido en su propia vida en los 40 años de intervalo. El otro cambio, y el más importante, era que Dios estaría con él. Moisés fracasó al principio, no tanto porque él actuó impulsivamente, sino porque él actuó sin Dios. Por lo tanto, la lección que hay que aprender aquí, es que cuando se puede distinguir un claro llamado de Dios, hay que dar un paso en fe, ¡sabiendo que Dios va contigo! No seas tímido, solo esfuérzate en el Señor y en el poder de Su fuerza (Efesios 6:10).

El tercer y último capítulo en la vida de Moisés, es el capítulo donde la escritura pasa más tiempo narrando, es decir, su papel en la redención de Israel. También se pueden extraer varias lecciones de este capítulo de la vida de Moisés. La primera es cómo ser un líder efectivo de personas. Moisés tenía básicamente la responsabilidad de más de dos millones de refugiados hebreos. Cuando las cosas empezaron a agotarlo, su suegro Jetro, le sugirió que delegara la responsabilidad a otros hombres fieles, una lección que muchas personas que están liderando a otros, necesitan aprender (Éxodo 18). También vemos un hombre que dependía de la gracia de Dios para ayudar con su tarea. Moisés continuamente le estaba suplicando a Dios por el pueblo. ¿Sería que todas las personas en autoridad presentarían una petición a Dios en nombre de aquellos que estaban bajo su cargo? Moisés era plenamente consciente de la necesidad de la presencia de Dios, e incluso pidió ver la gloria de Dios (Éxodo 33). Moisés sabía que, aparte de Dios, el éxodo sería inútil. Fue Dios quien hizo que los israelitas fueran distintos, y ellos lo necesitaban mucho más. La vida de Moisés también nos enseña la lección de que hay ciertos pecados que seguirán atormentándonos a lo largo de nuestras vidas. El mismo temperamento fuerte que hizo que Moisés se metiera en problemas en Egipto, también hizo que le causara problemas cuando divagaban en el desierto. En el incidente mencionado en Meriba, Moisés golpeó la roca con rabia, con el fin de proveer agua para el pueblo. Sin embargo, él no le dio la gloria a Dios, ni siguió los mandamientos exactos de Dios. A causa de esto, Dios no le permitió entrar a la tierra prometida. De manera similar, todos nosotros cedemos ante determinados pecados habituales que nos aquejan todos los días, pecados que nos obligan a estar en constante alerta.

Estas son sólo un puñado de lecciones prácticas que podemos aprender de la vida de Moisés. Sin embargo, si nos fijamos en la vida de Moisés a la luz de todo el abanico de las escrituras, vemos grandes verdades teológicas que encajan en la historia de la redención. En el capítulo 11, el autor de Hebreos usa a Moisés como un ejemplo de fe. Sabemos que fue por la fe que Moisés rehusó las glorias del palacio del faraón para identificarse con el sufrimiento de su pueblo. El escritor de Hebreos dice, "[Moisés] teniendo por mayores riquezas el vituperio de Cristo que los tesoros de los egipcios" (Hebreos 11:26). La vida de Moisés fue una vida de fe, y sabemos que sin fe es imposible agradar a Dios (Hebreos 11:6). Asimismo, es por fe que nosotros, mirando con ilusión las riquezas celestiales, podemos soportar dificultades temporales en esta vida (2 Corintios 4:17-18).

Además, como se mencionó anteriormente, sabemos que la vida de Moisés fue tipología de la vida de Cristo. Al igual que Cristo, Moisés fue el mediador del pacto. De nuevo, el autor de Hebreos hace grandes esfuerzos para demostrar este punto (cf. Hebreos 3: 8-10). También el apóstol Pablo lo deja claro en 2 Corintios 3. La diferencia es que el pacto donde Moisés fue el mediador, fue temporal y condicional, mientras que el pacto donde Cristo es el mediador, es eterno e incondicional. Como Cristo, Moisés proporcionó redención para su pueblo. Moisés libró al pueblo de Israel de la esclavitud y la servidumbre en Egipto y los trajo a la tierra prometida de Canaán. Cristo libra a Su pueblo de la servidumbre y de la esclavitud del pecado y la condenación, y los lleva a la tierra prometida de la vida eterna en una tierra renovada cuando Cristo regrese para consumar el reino que Él inauguró en su primera venida. Al igual que Cristo, Moisés fue un profeta para su pueblo. Moisés habló las palabras de Dios a los israelitas como Cristo lo hizo (Juan 17:8). Moisés predijo que el Señor levantaría otro profeta como él de entre el pueblo (Deuteronomio 18:15). Jesús y la iglesia primitiva enseñaban y creían que Moisés estaba hablando de Jesús cuando escribió esas palabras (cf. Juan 5:46, Hechos 3:22, 7:37). En muchos aspectos, Moisés es un precursor de la vida de Cristo. Como tal, podemos echar un vistazo de cómo Dios estaba obrando Su plan de redención en la vida de personas fieles a lo largo de la historia humana. Esto nos da la esperanza de que, así como Dios salvó a Su pueblo y les dio reposo a través de las acciones de Moisés, también Dios nos salvará y nos dará un reposo eterno en Cristo, ahora y en la vida por venir.

Por último, es interesante observar que, a pesar de que Moisés nunca piso la tierra prometida durante su vida, se le dio una oportunidad para entrar a la tierra prometida después de su muerte. En el monte de la transfiguración, cuando Jesús les dio a Sus discípulos una prueba de la plenitud de Su gloria, lo acompañaron dos personajes del antiguo testamento, Moisés y Elías, que representaban la ley y los profetas. Moisés está, hoy en día, experimentando el verdadero descanso sabático en Cristo, que un día todos los cristianos compartirán (Hebreos 4:9).

# CAPITULO 4

# ¿Qué es el pacto mosaico?

El pacto mosaico es un pacto condicional entre Dios y la nación de Israel en el monte Sinaí (Éxodo 19-24). A veces se le llama el pacto del Sinaí, pero generalmente se le conoce como el pacto mosaico, ya que Moisés fue al líder de Israel escogido por Dios en ese momento. El modelo del pacto es muy similar al de los otros pactos antiguos de ese tiempo, porque es entre un rey soberano (Dios) y su pueblo o sujetos (Israel). En el momento del pacto, Dios le recordó al pueblo de su obligación de ser obediente a su ley (Éxodo 19:5), y el pueblo aceptó el pacto cuando dijo, "Todo lo que Jehová ha dicho, haremos" (Éxodo 19:8). Este pacto serviría para separar a la nación de Israel de todas las demás naciones, convirtiéndose en el pueblo elegido de Dios y fue igualmente tan vinculante como el pacto incondicional que Dios hizo con Abraham, porque también es un pacto de sangre. El pacto mosaico es un pacto significativo tanto en la historia redentora de Dios, como en la historia de la nación de Israel a través de los cuales Dios de manera soberana escoge bendecir al mundo tanto con su palabra escrita como con la palabra viviente, que es Jesucristo.

El pacto mosaico se centró alrededor de la ley divina que Dios le da a Moisés en el monte Sinaí. Al entender los diferentes pactos en la biblia y su relación entre sí, es importante entender que el pacto mosaico difiere significativamente del pacto abrahámico, y luego de los pactos bíblicos porque es condicional en que las bendiciones que Dios promete, están directamente relacionadas con la obediencia de Israel a la ley mosaica. Si

Israel es obediente, entonces Dios los bendecirá, pero si lo desobedecen, entonces Dios los castigará. Las bendiciones y las maldiciones que están asociadas con este pacto condicional, se encuentran en detalle en Deuteronomio 28. Los otros pactos que se encuentran en la biblia son pactos unilaterales de promesa, en donde Dios mismo se compromete a hacer lo que prometió, independientemente de lo que los destinatarios de las promesas puedan hacer. Por otro lado, el pacto mosaico es un acuerdo bilateral, que especifica las obligaciones de ambas partes en el pacto.

El pacto mosaico es especialmente significativo porque Dios promete hacer de Israel "un reino de sacerdotes, y gente santa" (Éxodo 19:6). Israel iba a ser la luz de Dios al mundo oscuro a su alrededor. Iban a ser separados y llamados nación a fin de que todo el mundo alrededor de ellos supiera que adoraban a Yahvé, el Dios que guarda los pactos. Es de gran importancia porque es aquí donde Israel recibió la ley mosaica que iba a ser una autoridad señalando el camino hacia la venida de Cristo (Gálatas 3:24-25). La ley Mosaica revelaría a los hombres su pecaminosidad y su necesidad de un salvador, y es la ley mosaica la cual Cristo mismo dijo que él no vino a abolir, sino a cumplir. Este es un punto importante porque algunas personas se confunden pensando que personas en el antiguo testamento se salvaron por guardar la ley, pero la biblia es clara al decir que la salvación siempre ha sido únicamente por fe, y la promesa de la salvación por la fe que Dios hizo a Abraham como parte del pacto abrahámico, aún está vigente (Gálatas 3:16-18).

Además, el sistema de sacrificios del pacto mosaico realmente no puede quitar los pecados (Hebreos 10:1-4); simplemente anunciaba que Cristo llevaría el pecado, el sumo sacerdote perfecto, quien también fue el perfecto sacrificio (Hebreos 9:11-28). Por lo tanto, el pacto mosaico en sí mismo, con todas sus leyes detalladas, no podía salvar a nadie. No es que no había algún problema con la ley, porque la ley es perfecta y fue dada por un Dios santo, sin embargo la ley no tenía poder para dar nueva vida a las personas, y ellos no eran capaces de obedecer la ley perfectamente (Gálatas 3:21).

El pacto mosaico también se conoce como el antiguo pacto (2 Corintios 3:14; Hebreos 8:6, 13) y fue reemplazado por el nuevo pacto en Cristo (Lucas 22:20; 1 Corintios 11:25; 2 Corintios 3:6; Hebreos 8:8, 13; 9:15; 12:24). El nuevo pacto en Cristo es mucho mejor que el antiguo pacto mosaico, porque cumple las promesas hechas en Jeremías 31:31-34, como se menciona en Hebreos 8.

# CAPITULO 5

# ¿Qué es la hipótesis documentaria?

La hipótesis documentaria es esencialmente un intento de eliminar el aspecto sobrenatural del Pentateuco y negar la autoría de Moisés. Los relatos del cruce del mar Rojo, el maná en el desierto, la provisión de agua de una roca sólida, etc, se consideran relatos de tradición oral, haciendo que los eventos milagrosos se convirtieran por lo tanto en meros productos de narradores con gran capacidad para imaginar, y no eventos que en realidad ocurrieron y que fueron grabados por testigos presenciales. La hipótesis documentaria, junto con la teoría JEDP, niega que Moisés hubiera escrito el Pentateuco y, en su lugar, se le atribuye la autoría a cuatro (o más) diferentes autores/redactores distribuidos a lo largo de cientos de años. La hipótesis documentaria es el intento de la teología liberal de poner en entredicho la veracidad del Pentateuco.

Los defensores de la hipótesis documentaria ubican los escritos del Pentateuco alrededor del año 400 a.C, aproximadamente 1000 años después de la muerte de Moisés (alrededor de 1400 a.C.). Un relato de 1000 años, incluso cuando se transmite lo más fielmente posible, cambiará el registro de los eventos originales. Recuerde, el Pentateuco aún estaba siendo redactado durante el tiempo en que los israelitas andaban errantes por el desierto a causa de su rebelión contra Dios. Registrar finalmente esta jornada unos 1.000 años después de que sucedió, es invitar a la especulación sobre la autenticidad del trayecto original. Teólogos liberales, a través de los años, trataron de debilitar la palabra de Dios, y una forma de hacerlo es poniendo en duda la historicidad y autoría del Pentateuco.

La pregunta es si esta visión teológica liberal tiene alguna base. Si como los defensores de la hipótesis documentaria afirman, el Pentateuco fue escrito comenzando en el año 400 a.C., después del cautiverio babilónico, entonces Moisés no pudo haber sido el autor. Sin embargo, Jesús dijo en Marcos 12:26, "¿no habéis leído en el libro de Moisés cómo le habló Dios en la zarza, diciendo: Yo soy el Dios de Abraham, el Dios de Isaac y el Dios de Jacob?". Jesús establece claramente que Moisés escribió el relato de la zarza ardiente en Éxodo 3. Fechar el Pentateuco unos 1.000 años después de la muerte de Moisés, es negar las palabras de Jesús, porque Él especifica que el Éxodo es parte de "el libro de Moisés".

Hay una fuerte evidencia de que Moisés escribió también los otros libros del Pentateuco, desacreditando la hipótesis documentaria. Pedro, en Hechos 3:22, habla sobre Deuteronomio 18:15 y le da crédito a Moisés como el autor de ese pasaje. Pablo en Romanos 10:5, dice: "Moisés escribe así", y luego procede a citar Levítico 18:5.

La hipótesis documentaria pone en tela de juicio los testimonios de Jesús, Pedro y Pablo, porque todos ellos testificaron que Moisés escribió por lo menos tres de los libros del Pentateuco. La historia y la tradición judía dan crédito a Moisés como el autor del Pentateuco, no apoyando en absoluto la hipótesis documentaria. La hipótesis documentaria es sólo una hipótesis; nunca ha sido comprobada, no importa cuántos teólogos liberales afirmen lo contrario.

# CAPITULO 6
# ¿Qué es la teoría JEDS?

En pocas palabras, la teoría JEDS declara que los primeros cinco libros de la Biblia, Génesis, Éxodo, Levítico, Números y Deuteronomio, no fueron enteramente escritos por Moisés, quien murió en el siglo XV a.C., sino también por diferentes autores/compiladores después de Moisés. La teoría está basada en el hecho de que en diferentes porciones del Pentateuco son usados diferentes nombres para Dios, y que hay diferencias notables en el estilo lingüístico. Las letras de la teoría JEDS corresponden a los cuatro supuestos autores: el autor que utiliza a *Jehová* para el nombre de Dios, el autor que usa *Elohim* para el nombre de Dios, el autor de Deuteronomio, y el autor sacerdotal de Levítico. La teoría JEDS continúa diciendo que las diferentes porciones del Pentateuco fueron compiladas probablemente en el siglo IV a.C., posiblemente por Esdras.

Entonces, ¿por qué hay diferentes nombres para Dios en libros escritos supuestamente por un solo autor? Por ejemplo, Génesis capítulo 1 usa el nombre "*Elohim*," mientras que Génesis capítulo 2 usa el nombre "*Yahveh / Jehová*". Patrones como éste ocurren con frecuencia en el Pentateuco. La respuesta es simple. Moisés utilizó los nombres de Dios para dejar algo en claro. En Génesis capítulo 1, Dios es *Elohim*, el poderoso Dios Creador. En Génesis capítulo 2, Dios es *Yahveh*, el Dios personal quien creó y se relaciona con la humanidad. Esto no indica que sean diferentes autores, sino más bien un solo autor utilizando varios nombres de Dios para enfatizar un punto y describir diferentes aspectos de Su carácter.

Con respecto a los diferentes estilos, ¿no deberíamos esperar que un autor tenga diferentes estilos cuando esté escribiendo la historia (Génesis), estatutos legales (Éxodo, Deuteronomio), y escribiendo intrincados detalles del sistema de sacrificios (Levítico)? La teoría JEDS toma las diferencias explicables en el Pentateuco e inventa una elaborada teoría que no tiene bases reales o históricas. Ningún documento de J, E, D, o S ha sido jamás descubierto. Ningún erudito judío o cristiano de la antigüedad, ha siquiera sugerido que existan tales documentos.

El argumento más poderoso contra la teoría JEDS es la Biblia misma. En Marcos 12:26, Jesús dijo, "Pero respecto a que los muertos resucitan, ¿no habéis leído en el libro de Moisés cómo le habló Dios en la zarza, diciendo: Yo soy el Dios de Abraham, el Dios de Isaac y el Dios de Jacob?". Por lo tanto, Jesús dice claramente que Moisés escribió el relato de la zarza ardiente en Éxodo 3:1-3. En Hechos 3:22, Lucas comenta sobre un pasaje en Deuteronomio 18:15 y acredita a Moisés como su autor. Pablo en Romanos 10:5, habla sobre la justicia que describe Moisés en Levítico 18:5. Pablo, por lo tanto está testificando que Moisés es el autor de Levítico. Así que, tenemos a Jesús mostrando que Moisés fue el autor de Éxodo, Lucas (en Hechos) mostrando que Moisés escribió Deuteronomio, y Pablo diciendo que Moisés es el autor de Levítico. A fin de que la teoría JEDS resultara cierta, Jesús, Lucas y Pablo debieron haber sido todos ellos o mentirosos, o se equivocaron en su comprensión del Antiguo Testamento. Pongamos nuestra fe en Jesús y en los autores humanos de la Escritura, en lugar de la ridícula e infundada teoría JEDS (2 Timoteo 3:16-17).

# CAPITULO 7

# ¿Todavía existe la Biblia original?

La respuesta a esta pregunta es "sí" y "no". En el sentido más estricto, no; los documentos originales que componen los 66 libros de la Biblia, a veces llamados "autógrafos", no están en la posesión de cualquier organización. Sin embargo, en un sentido muy real, sí; los seres humanos tienen las Palabras y los libros exactos que componen la Palabra de Dios. ¿Cómo puede ser esto? Para tener una mejor comprensión de cómo se escribió la Biblia original y cómo se compara con lo que se lee hoy, es necesario mirar el proceso que resultó en su recopilación original y lo que ha sucedido desde entonces.

**Antecedentes de la Biblia original**

Según los escépticos, nunca ha habido una verdadera Biblia "original". Ellos creen que la Biblia es el producto del hombre y no de Dios, y que ha "evolucionado" durante siglos de revisiones.

Es cierto que la Biblia fue escrita durante un largo período de tiempo. Escrita por 40 autores durante un período de casi 1.500 años, la Escritura está compuesta de 66 libros, 39 en el Antiguo Testamento y 27 en el Nuevo. El Antiguo Testamento a menudo se divide en tres secciones: (1) El pentateuco, que a veces se denomina "la ley" e incluye los primeros cinco libros de la Biblia; (2) Los profetas, que incluye todos los escritos de los profetas mayores y menores; y (3) Los escritos, que incluye Salmos,

Proverbios y una cantidad de otros libros.

El Nuevo Testamento también está dividido en tres segmentos: (1) Los evangelios; (2) La historia de la iglesia, que incluye, básicamente, sólo el libro de Los Hechos; (3) Los escritos apostólicos, que incluye todo lo demás.

**Compilación del Antiguo Testamento original**

¿Cómo se compiló la Biblia original? Su compilación se puede remontar a través de las Escrituras de una manera bastante precisa. Después de que Moisés escribió el pentateuco (Éxodo 17:14; 24:4, 7; 34:27; Números 33:2; Josué 1:8; Mateo 19:8; Juan 5:46-47; Romanos 10:5), se colocó en el arca del pacto y se conservó (Deuteronomio 31:24). Con el tiempo, se añadieron otros textos inspirados a los primeros cinco libros de la Biblia. Durante el tiempo de David y de Salomón, los libros que ya se habían recopilado, fueron colocados en el tesoro del templo (1 Reyes 8:6) y los sacerdotes que servían en el templo cuidaban de ellos (2 Reyes 22:8). También se añadieron más libros durante el reinado del rey Ezequías, tales como los himnos de David, los proverbios de Salomón, y libros proféticos como Isaías, Oseas y Miqueas (Proverbios 25:1). En términos generales, así como los profetas de Dios hablaron, se escribieron sus palabras, y lo que se registró fue incluido en lo que hoy es el Antiguo Testamento.

Durante el exilio de los judíos en el siglo VI, los libros fueron dispersados, pero no se perdieron. Alrededor del año 538 a.C., los judíos regresaron de la cautividad en Babilonia, y posteriormente Esdras el sacerdote recolectó todos los libros antiguos y añadió otras obras para su compilación. Luego, se almacenó una copia en el arca construida para el segundo templo, y siguiendo un meticuloso proceso, se hicieron otras copias para proteger los escritos que fueron inspirados. Esta colección de libros del Antiguo Testamento, escritos en el idioma hebreo, es lo que el judaísmo llama la "Biblia hebrea".

En el tercer siglo a.C., los libros del Antiguo Testamento se tradujeron al griego, por un equipo de 70 eruditos judíos. A este trabajo terminado se le dio el nombre de la LXX (que significa "70"), o la Septuaginta (una palabra latina derivada de la frase "la traducción de los setenta intérpretes"). Sin duda, la Septuaginta fue utilizada y citada en los escritos de los apóstoles, incluyendo a Pablo. Los manuscritos más antiguos de la LXX, incluyen algunos fragmentos del siglo I y II a.C.

En el año 1947 d.C, se descubrieron los pergaminos del mar muerto en la zona de Qumrán en Israel. Varios pergaminos datan de alguna fecha a partir del siglo V a.C. hasta el siglo I d.C. Los historiadores creen que los escribas judíos cuidaban el lugar para preservar la Palabra de Dios y para proteger los escritos durante la destrucción de Jerusalén en el año 70 d.C. Los pergaminos del mar muerto representan casi todos los libros del Antiguo Testamento, y las comparaciones con los manuscritos más recientes, demuestran que son prácticamente idénticos; las principales desviaciones son la ortografía de los nombres de algunas personas y varios números que se mencionan en las Escrituras.

Los pergaminos del mar muerto son un testimonio de la exactitud y la preservación del Antiguo Testamento, y dan la confianza de que el Antiguo Testamento que tenemos hoy en día, es el mismo Antiguo Testamento usado por Jesús. De hecho, Lucas registra una declaración hecha por Jesús en relación con la recopilación del Antiguo Testamento: "Por esta razón también la sabiduría de Dios dice, "Por eso la sabiduría de Dios también dijo: Les enviaré profetas y apóstoles; y de ellos, a unos matarán y a otros perseguirán, para que se demande de esta generación la sangre de todos los profetas que se ha derramado desde la fundación del mundo, ***desde la sangre de Abel hasta la sangre de Zacarías***, que murió entre el altar y el templo; sí, os digo que será demandada de esta generación" (Lucas 11:49-51, énfasis añadido). Jesús confirmó los 39 libros del Antiguo Testamento en estos versículos. La muerte de Abel se encuentra en Génesis, y la muerte de Zacarías en 2 Crónicas, el primer y último libro de la Biblia hebrea.

**Compilación del Nuevo Testamento original**

La composición del Nuevo Testamento se estableció oficialmente en el concilio de Cartago en el año 397 d.C. Sin embargo, mucho antes se aceptó como oficial la mayor parte del Nuevo Testamento. La primera colección de libros del Nuevo Testamento fue propuesto por un hombre llamado Marción en el año 140 d.C. Marción fue un docetista (El docetismo es un sistema de creencias que dice que el espíritu en su totalidad es bueno y toda la material es mala), así que Marción excluyó cualquier libro que hablara tanto de la divinidad como de la humanidad de Jesús, y además editó las cartas de Pablo para que coincidiera con su propia filosofía.

La siguiente colección de libros del Nuevo Testamento que se propuso en los registros, fue en el Canon Muratoriano, fechado en el año 170 d.C. Incluía los cuatro evangelios, Hechos, 13 de las cartas de Pablo, 1, 2 y 3 de Juan, Judas y Apocalipsis. El último canon del Nuevo Testamento, fue identificado por primera vez por Atanasio el padre de la iglesia en el año 367 d.C., y ratificado por el concilio de Cartago en el año 397 d.C.

Pero la historia demuestra que el Nuevo Testamento actual

en las Biblias modernas, fue reconocido mucho antes y que es un reflejo exacto de lo que los "autógrafos" contenían. En primer lugar, la Escritura misma muestra que los escritos del Nuevo Testamento fueron considerados inspirados e iguales al Antiguo Testamento. Por ejemplo, Pablo escribe, "Pues la Escritura dice: No pondrás bozal al buey que trilla; y: ***Digno es el obrero de su salario***" (1 Timoteo 5:18, énfasis añadido). La última cita es de Lucas 10:7, lo que muestra que Pablo consideró como "Escritura" el evangelio de Lucas. Otro ejemplo incluye una declaración hecha por Pedro: "Y tened entendido que la paciencia de nuestro Señor es para salvación; como también nuestro amado hermano Pablo, según la sabiduría que le ha sido dada, os ha escrito, casi en todas sus epístolas, hablando en ellas de estas cosas; entre las cuales hay algunas difíciles de entender, las cuales los indoctos e inconstantes tuercen, como también ***las otras Escrituras***, para su propia perdición" (2 Pedro 3:15-16, énfasis añadido). Es evidente que Pedro consideró las cartas de Pablo igualmente inspiradas, como el canon de Antiguo Testamento.

Segundo, los textos de los padres de la iglesia primitiva permiten la reconstrucción de casi todo el Nuevo Testamento como lo encontramos hoy. Por ejemplo, Clemente (95 c.d.C) hace mención de 11 libros del Nuevo Testamento, Ignacio (107 c.d.C) usa citas de casi todos los libros del Nuevo Testamento, y Policarpo (un discípulo de Juan, 110 c.d.C) usa citas de 17 libros del Nuevo Testamento. Si se usan las citas de los primeros padres de la iglesia, se puede colocar junto todo el Nuevo Testamento, con la excepción de 20-27 versículos, la mayoría de ellos de 3 de Juan. Tal evidencia testifica el hecho de que se reconoció el Nuevo Testamento mucho antes del concilio de Cartago en el año 397 d.C. y que el Nuevo Testamento que tenemos hoy, es el mismo que fue escrito hace 2.000 años.

En tercer lugar, no hay ningún rival literario en el mundo antiguo para el número de copias manuscritas y para fijar una fecha temprana del Nuevo Testamento. Hay 5.300 copias en griego, 10.000 en latín y 9.000 copias variadas del Nuevo Testamento que existen hoy en día, y se siguen desenterrando más a través de la arqueología. La combinación de fijar una fecha temprana y el enorme número de ejemplares del Nuevo Testamento, hace que expertos históricos como Sir Frederic Kenyon (ex director y bibliotecario principal del museo británico) digan: "El intervalo, pues, entre las fechas de su composición original y la más temprana evidencia existente, llega a ser tan pequeño que de hecho es insignificante, y se ha quitado el último fundamento para dudar que las Escrituras hayan llegado a nosotros sustancialmente como fueron escritas ahora. Tanto la autenticidad como la integridad general de los libros del Nuevo Testamento se pueden considerar como finalmente establecidas".

# CAPITULO 8

# ¿Cuáles son las diferentes teorías de la inspiración bíblica?

La doctrina de la inspiración es la enseñanza que dice que la Biblia es inspirada por Dios y por lo tanto es nuestra regla infalible de fe y conducta. Si la Biblia es simplemente la obra de la imaginación humana, entonces no hay ninguna razón convincente para seguir sus doctrinas y orientaciones morales. La Biblia misma hace una enérgica afirmación de ser inspirada por Dios: "Toda la Escritura es inspirada por Dios, y útil para enseñar, para redargüir, para corregir, para instruir en justicia, a fin de que el hombre de Dios sea perfecto, enteramente preparado para toda buena obra" (2 Timoteo 3:16-17). Nos damos cuenta de dos cosas acerca de la Escritura en este versículo: 1) es "inspirada por Dios", y 2) es "útil para la vida cristiana.

Hay cuatro puntos de vista respecto a la inspiración:
1. El punto de vista neo-ortodoxo
2. El punto de vista del dictado
3. El punto de vista de la inspiración limitada
4. El punto de vista de la inspiración verbal y plenaria

El punto de vista de la inspiración neo-ortodoxa, enfatiza la trascendencia de Dios. La neo-ortodoxia enseña que Dios es tan completamente diferente de nosotros, que la única manera en que podamos llegar a conocerlo, es a través de una revelación directa. Esta perspectiva de la trascendencia de Dios niega cualquier concepto de la teología natural (es decir, que podemos conocer a Dios a través de Su creación). Además, la neo-ortodoxia niega que la Biblia es la Palabra de Dios. Más bien, la Biblia es un testigo o un mediador a la palabra de Dios, Jesús. La teoría de inspiración neo-ortodoxa dice que las palabras de la Biblia no son las palabras de Dios, sino que son palabras inexactas escritas por hombres que cometieron errores. La Biblia sólo es "inspirada" en cuanto a que Dios a veces puede usar las palabras para hablar con las personas.

La teoría de inspiración neo-ortodoxa, para nada es una inspiración. Si la Biblia es el producto falible de hombres falibles, entonces realmente no tiene ningún valor, al menos no más que otro libro. Dios igualmente podría "hablarnos" a través de obras de ficción como pudo hacerlo a través de la Biblia.

La teoría de inspiración del dictado ve a Dios como el autor de las Sagradas Escrituras y a los distintos agentes humanos como secretarios tomando nota. Dios habló, y el hombre lo escribió. Este punto de vista tiene cierto mérito, porque sabemos que hay porciones de la Escritura en que Dios básicamente dice, "escribe" (por ejemplo, Jeremías 30:2), pero no toda la Escritura fue creada de esa manera. El pentateuco es principalmente una crónica del pueblo judío antes de establecerse en la tierra prometida. Mientras que Moisés fue el autor principal, se necesitó que él hiciera mucha labor editorial del pentateuco. Indudablemente Moisés recopiló registros anteriores para la historia. Lucas afirma en el preámbulo de su evangelio que él llevó a cabo una investigación con diligencia acerca de los acontecimientos de la vida de Jesús antes de escribir (Lucas 1:1-4). Muchos de los libros proféticos se leen como los diarios de las vidas de los profetas. El punto fundamental es que la teoría del dictado sólo explica ciertas porciones de las Escrituras, pero no todas, ni siquiera la mayoría.

La teoría de la inspiración limitada es el punto de vista opuesto al de la teoría del dictado. Mientras que la segunda considera la Escritura principalmente como la obra de Dios, con una mínima contribución humana, la primera ve a la Escritura principalmente como la obra del hombre con una ayuda limitada de parte de Dios. La teoría de la inspiración limitada dice que Dios guió a los autores humanos, pero les permitió la libertad de expresarse en sus escritos, incluso hasta el punto de permitir errores reales e históricos. Afortunadamente, el Espíritu Santo impidió errores doctrinales. El problema con este punto de vista es que, si la Biblia está expuesta a errores en sus relatos históricos, entonces ¿cómo podemos confiar en la Biblia para temas doctrinales? Con la inspiración limitada se pone en duda la confiabilidad de la Biblia. Este punto de vista también parece ignorar el hecho de que la historia bíblica de la redención, desde Génesis hasta el Apocalipsis, es contada en el contexto de la historia; la doctrina se entreteje dentro de la historia. No podemos arbitrariamente decir que la historia es inexacta y luego afirmar que contiene la esencia de la verdad doctrinal.

El punto de vista final y el del cristianismo ortodoxo, es la teoría de la inspiración verbal y plenaria. La palabra *plenaria* significa "completo o pleno", y la palabra verbal significa "las mismísimas palabras de las Escrituras". Entonces, la inspiración verbal y plenaria es el punto de vista que dice que cada palabra de la Biblia, es la mismísima Palabra de Dios. No son simplemente las ideas o pensamientos que están inspirados, sino las propias palabras. Segunda a Timoteo 3:16-17 utiliza *theopneustos*, una única palabra griega que significa literalmente "inspirada por Dios". La Escritura es "exhalada" de la boca de Dios. Las palabras de la Biblia son las palabras de Dios.

Además, "porque nunca la profecía fue traída por voluntad humana, sino que los santos hombres de Dios hablaron siendo inspirados por el Espíritu Santo" (2 Pedro 1:21). Este pasaje nos da una idea de cómo Dios inspiró a los autores humanos. Los hombres hablaron (o escribieron) "siendo inspirados por el Espíritu Santo". El verbo "inspirar" se usa para hablar de una navegación que se llena de viento y lleva un bote por el agua. Cuando los autores humanos estaban dejando la pluma sobre el papel, el Espíritu Santo "los inspiró", de tal manera que lo que escribieron fueron las palabras "exhaladas" de Dios. Por eso, mientras que los escritos conservan la personalidad de los autores individuales (el estilo de Pablo es muy diferente al de Santiago, Juan o Pedro), las palabras mismas son exactamente lo que Dios quería que se escribiera.

# CAPITULO 9

# ¿Qué dice la Biblia acerca de la forma de gobierno de la iglesia?

El Señor fue muy claro en Su Palabra acerca de la manera en que Él desea que esté dirigida y organizada Su iglesia en esta tierra. Primeramente, Cristo es la cabeza de la iglesia y su suprema autoridad (Efesios 1:22, 4:15; Colosenses 1:18). Segundo, la iglesia local debe ser autónoma, libre de cualquier autoridad o control externo, con derecho al autogobierno y libre de la interferencia de cualquier jerarquía de individuos u organizaciones (Tito 1:5). Tercero, la iglesia debe estar gobernada por un liderazgo espiritual, compuesto de dos ministerios principales: ancianos y diáconos.

Los "ancianos" eran un grupo de líderes entre los israelitas desde el tiempo de Moisés. Los encontramos tomando decisiones políticas (2 Samuel 5:3; 2 Samuel 17:4,15), posteriormente en la historia, aconsejando al rey (1 Reyes 20:7) y representando al pueblo en lo concerniente a asuntos espirituales (Éxodo 7:1; 24:1, 9; Números 11:16, 24-25). La primera traducción griega del Antiguo Testamento, la Septuaginta, usaba la palabra griega *presbuteros* para "anciano". Esta es la misma palabra griega usada en el Nuevo Testamento que también es traducida como "anciano".

El Nuevo Testamento, menciona varias veces a ancianos que asumían el papel de liderazgo en la iglesia (Hechos 14:23; 15:2; 20:17; Tito 1:5; Santiago 5:14) y aparentemente cada iglesia tenía más de uno, porque generalmente la palabra se encuentra en plural. Las únicas excepciones se refieren a casos en los que un anciano es mencionado en singular por alguna razón en particular (1 Timoteo 5:1; 1 Timoteo 5:19). En la iglesia de Jerusalén, ellos formaban parte del liderazgo junto con los apóstoles (Hechos 15:2-16:4).

Parece que la posición de anciano era igual a la posición de *episkopos*, traducido "supervisor" u "obispo" (Hechos 11:30; 1 Timoteo 5:17). El término "anciano" podría referirse a la dignidad del ministerio, mientras que el término "obispo o supervisor" denota su autoridad y deberes (1 Pedro 2:25; 5:1,2,4). En Filipenses 1:1, Pablo saluda a los obispos y diáconos, pero no menciona a los ancianos, probablemente porque los ancianos son los mismos obispos. De manera similar 1 Timoteo 3:2, 8 menciona los requisitos para los obispos y diáconos, pero no para los ancianos por la misma razón. Tito 1:5 y 1:7 también parecen ligar estos dos términos en uno solo.

La posición de "diácono" de la palabra *diakonos*, que significa "en la suciedad", era una de liderazgo de servicio a la iglesia. Los diáconos están separados de los ancianos, mientras que tienen requisitos que son de muchas maneras similares a los de los ancianos (1 Timoteo 3:8-13). Los diáconos asisten a la iglesia en todo lo que sea necesario, como se registra en el capítulo 6 de los Hechos.

Respecto a la palabra "pastor" (poimen), en relación con un líder humano de una iglesia, solamente se encuentra una vez en el Nuevo Testamento en Efesios 4:11, "Y Él mismo constituyó a unos apóstoles; a otros, profetas; a otros, evangelistas; a otros pastores y maestros". La mayoría asocia los dos términos de "pastores y maestros" como si se refiriera a un solo individuo que tiene ambas características. Es probable que el término pastor-maestro se refiere al "guía espiritual de una iglesia en particular".

Parecería, de acuerdo a los pasajes anteriores, que siempre ha habido una pluralidad de ancianos, pero esto no niega que Dios dote a algunos ancianos en particular con el don de la enseñanza, mientras que, a otros con el don de la administración, oración, etc. (Romanos 12:3-8; Efesios 4:11), así como tampoco se niega que Él los llame al ministerio en el cual ellos utilizarán dichos dones (Hechos 13:1). De esta manera, un anciano puede surgir como "pastor," otro puede hacer la mayoría de las visitas a los miembros, porque tiene el don de la compasión, otro puede "dirigir" en el sentido de manejar los detalles organizacionales, etc. Muchas iglesias que están organizadas con la administración de un pastor y un diácono, realizan las funciones de una pluralidad de ancianos, en cuanto a que ellos comparten la carga del ministerio y trabajan juntos en la toma de alguna decisión. Así mismo, en la Escritura encontrarán que también había mucha participación de la congregación en las decisiones. Por eso, un líder "dictador" que toma las decisiones (ya sea que se llame anciano, obispo, o pastor), no es bíblico (Hechos 1:23, 26; 6:3, 5; 15:22, 30; 2 Corintios 8:19). Lo mismo sucede con una iglesia gobernada por la congregación, que no le concede importancia a la participación de los ancianos o líderes de la iglesia.

En resumen, la Biblia enseña un liderazgo que consiste en una pluralidad de ancianos (obispos/supervisores), junto con un grupo de diáconos quienes trabajan como siervos de la iglesia. Pero no es contrario a la pluralidad de ancianos, el tener a uno de estos ancianos sirviendo en un ministerio mayor "pastoral". Dios llama a algunos como "pastores/maestros" (así como Él llamó a algunos a ser misioneros en Hechos 13) y los dio como dones a la iglesia (Efesios 4:11). Por lo tanto, una iglesia puede tener muchos ancianos, pero no todos los ancianos son llamados a servir en el ministerio pastoral. Pero, como parte de los ancianos, el pastor o "anciano-maestro" no tiene más autoridad en la toma de decisiones que cualquier otro anciano.

# CAPITULO 10

# ¿Cuáles son los libros de la Biblia? ¿Qué significa que la Biblia está compuesta de diferentes libros?

La Santa Biblia es una colección de escritos que incluye 66 libros. La Biblia consta de dos partes, el Antiguo Testamento y el Nuevo Testamento. El Antiguo Testamento incluye 39 libros y el Nuevo Testamento incluye 27 libros.

En el Antiguo Testamento, hay cuatro divisiones principales de los libros. La primera división es el pentateuco, el cual se compone de Génesis, Éxodo, Levítico, Números y Deuteronomio.

La segunda división se denomina libros históricos, e incluye doce escritos: Josué, Jueces, Rut, 1 y 2 Samuel, 1 y 2 Reyes 2, 1 y 2 Crónicas, Esdras, Nehemías y Esther.

La tercera división es llamada los libros poéticos (o libros de sabiduría) y contiene Job, Salmos, Proverbios, Eclesiastés y el Cantar de los Cantares (o Cantar de Salomón).

La cuarta división se denomina los libros proféticos e incluye cinco profetas mayores (Isaías, Jeremías, Lamentaciones, Ezequiel y Daniel) y doce profetas menores (Oseas, Joel, Amós, Abdías, Jonás, Miqueas, Nahúm, Habacuc, Sofonías, Hageo, Zacarías y Malaquías).

El Nuevo Testamento también tiene cuatro divisiones principales. La primera división son los evangelios, que son Mateo, Marcos, Lucas y Juan.

La segunda división comprende el libro histórico, el libro de Los Hechos.

La tercera división son las epístolas. Estas incluyen las trece epístolas paulinas (Romanos, 1 y 2 Corintios, Gálatas, Efesios, Filipenses, Colosenses, 1 y 2 Tesalonicenses, 1 y 2 Timoteo, Tito y Filemón) y las ocho epístolas generales (Hebreos, Santiago, 1 y 2 Pedro, 1, 2 y 3 Juan, y Judas).

La cuarta división incluye el libro profético, el libro de Apocalipsis.

Estos 66 libros fueron escritos en aproximadamente 1.400 años, por 40 autores diferentes en hebreo, arameo y griego. Los líderes de la iglesia primitiva reafirmaron los escritos (líderes judíos en el caso de los escritos del Antiguo Testamento). Los 66 libros de la Biblia son las palabras inspiradas de Dios que son utilizados para hacer discípulos (Mateo 28:18-20) y que permiten que los creyentes se desarrollen hoy en día (2 Timoteo 3:16-17). La Biblia no fue creada por la mera sabiduría humana, sino que fue inspirada por Dios (2 Pedro 1:20-21) y durará para siempre (Mateo 24:35).

Mientras que la Biblia aborda muchos temas, su mensaje central es que el Mesías judío, Jesucristo, vino al mundo para proporcionar el camino de la salvación para todos los hombres (Juan 3:16). Es sólo mediante el Jesucristo de la Biblia que una persona puede ser salva (Juan 14:16;

Hechos 4:12). "Así que la fe es por el oír, y el oír, por la palabra de Dios" (Romanos 10:17).

# CAPITULO 11

# ¿Qué son la crítica de redacción y la crítica mayor?

La crítica de redacción y la alta crítica son sólo unas pocas de las muchas formas de crítica bíblica. Su intención es investigar las Escrituras y hacer juicios concernientes a su autoría, historicidad y fecha de escritura. La mayoría de estos métodos terminan intentando destruir el texto de la Biblia.

La crítica bíblica puede ser dividida en dos formas principales: la alta y la baja crítica. La baja crítica es un intento por encontrar la redacción original del texto, puesto que ya no tenemos los escritos originales. La alta crítica trata con la autenticidad del texto. Surgen preguntas tales como: ¿Cuándo fue realmente escrito? ¿Quién escribió realmente este texto?

Muchos críticos en estos campos no creen en la inspiración de las Escrituras, por lo que utilizan estas preguntas para anular la obra del Espíritu Santo en las vidas de los autores de nuestras Escrituras. Ellos creen que nuestro Antiguo Testamento fue simplemente una compilación de tradiciones orales, y que realmente no fueron escritas hasta después de que Israel fue llevado en cautividad a Babilonia en el año 586 a. C.

Desde luego, podemos ver en las Escrituras que Moisés escribió la Ley y los primeros cinco libros del Antiguo

Testamento (llamado el Pentateuco). Si estos libros realmente no fueron escritos por Moisés, sino hasta muchos años después de que la nación de Israel fue fundada, estos críticos tendrían razón en afirmar la inexactitud de lo que fue escrito, y por lo tanto refutar la autoridad de la Palabra de Dios. Pero eso no es verdad. (Para una discusión sobre las pruebas sobre la autoría de Moisés del Pentateuco, ver nuestros artículos sobre la hipótesis documentada y la teoría JEDS). La crítica de redacción, es la idea de que los escritores de los Evangelios no fueron más que los compiladores finales de tradiciones orales y no realmente los escritores directos de los Evangelios mismos. Un crítico que adopta el punto de vista de la crítica de redacción, dice que el propósito de su estudio es encontrar la "motivación teológica" detrás de la selección del autor y la compilación de las tradiciones u otros materiales escritos dentro del cristianismo.

Básicamente, lo que estamos viendo en todas estas formas de crítica bíblica, es un intento de algunos críticos de separar la obra del Espíritu Santo en la producción de un preciso y confiable documento escrito de la Palabra de Dios. Los escritores de las Escrituras explicaron cómo es que llegaron a ser Escrituras. "Toda la Escritura es inspirada por Dios" (2 Timoteo 3:16). Dios es quien dio al hombre las palabras que Él quería que quedaran registradas. El apóstol Pedro escribió, "entendiendo primero esto, que ninguna profecía de la Escritura es de interpretación privada, porque nunca la profecía fue traída por voluntad humana" (2 Pedro 1:20,21). Aquí Pedro está diciendo que estos escritos no fueron forjados en la mente del hombre, creados simplemente por hombres que querían escribir algo. Pedro continúa, "… sino que los santos hombres de Dios hablaron siendo inspirados por el Espíritu Santo" (2 Pedro 1:21). El Espíritu Santo les dijo lo que Él quería que escribieran. No hay necesidad de criticar la autenticidad de las Escrituras cuando podemos saber que Dios estaba tras la escena dirigiendo y guiando a los hombres en lo que habían de dejar registrado.

Un versículo más podría probar estar interesantemente relacionado con la exactitud de las Escrituras. "Mas el Consolador, el Espíritu Santo, a quien el Padre enviará en mi nombre, él os enseñará todas las cosas, y OS RECORDARÁ TODO LO QUE YO OS HE DICHO" (Juan 14:26). Aquí Jesús estaba diciendo a Sus discípulos que pronto Él se iría, pero que el Espíritu Santo les ayudaría a recordar lo que Él enseñó aquí en la tierra, para que más tarde, ellos pudieran escribirlo. Dios estuvo tras de la autoría y preservación de las Escrituras.

# CAPITULO 12

# Estudio del Antiguo Testamento

El Antiguo Testamento está dividido en cinco secciones: el Pentateuco (de Génesis a Deuteronomio), los libros Históricos (de Josué a Ester), los libros Poéticos (de Job a Cantares), los Profetas Mayores (de Isaías a Daniel), y los Profetas Menores (de Oseas a Malaquías). El Antiguo Testamento fue escrito aproximadamente desde el 1400 a.C. hasta el 400 a.C. El Antiguo Testamento fue escrito principalmente en hebreo, con unas pocas secciones escritas en arameo (que es esencialmente una variación del hebreo).

El Antiguo Testamento trata principalmente de la relación entre Dios y la nación de Israel. El Pentateuco trata de la creación de Israel y Dios estableciendo una relación de pacto con Israel. Los libros históricos registran la historia de Israel, sus victorias y éxitos junto con sus derrotas y fracasos. Los libros poéticos nos dan una visión más íntima de la relación de Dios con Israel y Su pasión porque Israel lo adore y lo obedezca. Los libros proféticos son el llamado de Dios a Israel para que se arrepienta de su idolatría e infidelidad y regrese a una relación de obediencia y fidelidad espiritual.

Tal vez un mejor título sería El Primer Testamento. La palabra "antiguo" tiende a dar la idea de "obsoleto" o "sin relevancia". Eso no puede estar más alejado de la verdad.

Un estudio del Antiguo Testamento es una tarea espiritualmente enriquecedora y que vale mucho la pena. Abajo encontrarás enlaces (links) para los resúmenes de varios libros del Antiguo Testamento. Sinceramente esperamos que nuestro estudio del Antiguo Testamento sea de beneficio para tu caminar con Cristo.

# CAPITULO 13

# ¿Enseña la Biblia sobre el pecado mortal y venial?

La Iglesia Católica Romana clasifica el pecado en dos categorías, el pecado mortal y el pecado venial. El asunto del pecado como la Biblia enseña, es uno de los aspectos más fundamentales para entender la vida con Dios y lo que significa conocerlo a Él. Mientras caminamos a través de esta vida, debemos saber cómo responder bíblicamente a nuestro propio pecado y las manifestaciones de la pecaminosidad de la raza humana con que nos encontramos momento a momento, y día con día. Las consecuencias de no tener una comprensión bíblica del pecado, o el no responder al pecado de acuerdo a ello, son devastadoras y más allá de las palabras. Un entendimiento incorrecto del pecado puede resultar en una eternidad separados de Dios en el Infierno. Pero ¡alabado sea el glorioso Nombre de nuestro Dios y Salvador Jesucristo! En Su Santa Palabra, Dios ha mostrado plenamente lo que es el pecado, cómo nos afecta personalmente, y lo que es una respuesta apropiada a él. Sin embargo, mientras tratamos de comprender el concepto del pecado mortal y venial, busquemos la respuesta final en la toda suficiente Palabra de Dios.

A fin de conocer si la Biblia enseña los conceptos del pecado mortal y el pecado venial, nos serán de ayuda algunas descripciones básicas. Los conceptos del pecado mortal y el pecado venial, son esencialmente Católicos Romanos. Los Cristianos Evangélicos y Protestantes pueden o no estar familiarizados con estos términos. Trabajando en las definiciones de los pecados mortales y veniales éstas pueden ser: El Pecado Mortal es un "pecado que causa la muerte espiritual", y el Pecado Venial es el "pecado que puede ser perdonado". El pecado venial es invariablemente utilizado en contraste con el pecado mortal. Los pecados mortales son aquellos pecados que excluyen a la gente del reino; los pecados veniales son aquellos pecados que no excluyen a la gente de él. El pecado venial difiere del pecado mortal en el castigo que acarrea. El pecado venial amerita un castigo temporal que es expiado por confesión o por las llamas del Purgatorio, mientras que el pecado mortal amerita la muerte eterna.

En el Catecismo de la Iglesia Católica, encontramos esta descripción del pecado mortal, "Para que un pecado sea mortal, se requieren tres condiciones: 'Es pecado mortal lo que tiene como objeto una materia grave, y que, además es cometido con pleno conocimiento y deliberado consentimiento" De acuerdo con el Catecismo, "la materia grave es precisada por los Diez Mandamientos...." El Catecismo establece más adelante que el pecado mortal "resulta en la pérdida de caridad y privación de la gracia santificante, esto es, del estado de gracia. Si no es redimido por arrepentimiento y el perdón de Dios, causa la exclusión del reino de Cristo y la muerte eterna en el infierno..."

Con respecto al pecado venial, el Catecismo declara lo siguiente: "Se comete un pecado venial cuando no se observa en una materia leve la medida prescrita por la ley moral, o cuando se desobedece a la ley moral en materia grave, pero sin pleno conocimiento o sin entero consentimiento. El pecado venial debilita la caridad; entraña un afecto desordenado a bienes creados; impide el progreso del alma en el ejercicio de las virtudes y la práctica del bien moral; merece penas temporales. El pecado venial deliberado y que permanece sin arrepentimiento, nos dispone poco a poco a cometer el pecado mortal No obstante, el pecado venial no nos hace contrarios a la voluntad y la amistad divinas; no rompe la Alianza con Dios. Es humanamente reparable con la gracia de Dios. 'No priva de la gracia santificante, de la amistad con Dios, de la caridad, ni, por tanto, de la bienaventuranza eterna."

Bíblicamente, los conceptos de pecado mortal y venial presentan muchos problemas: Antes que nada, estos conceptos presentan una cuadro no bíblico de cómo ve Dios el pecado. La Biblia establece que Dios será justo en Su castigo del pecado y que en el día del juicio algún pecado ameritará mayor castigo que otros (Mateo 11:22, 24; Lucas 10:12, 14). Pero el hecho que uno deba mantener en mente, es que todos los pecados serán castigados por Dios. La Biblia enseña que todos nosotros pecamos (Romanos 3:23) y que el justo pago por el pecado es la muerte eterna (Romanos 6:23). Sobre y contra los conceptos del pecado mortal y venial, la Biblia no dice que algunos pecados son dignos de la muerte eterna mientras que otros no lo son. Todos los pecados son pecados mortales, en que aún un pecado hace al ofensor merecedor de la eterna separación de Dios.

El apóstol Santiago articula este hecho en su carta (Santiago 2:10), "Porque cualquiera que guardare toda la ley, pero ofendiere en un punto, se hace culpable de todos." Nótese el uso de la palabra "ofendiere en un punto". Significa hacer un error o caer en un error. Santiago está pintando un cuadro de una persona que está tratando de hacer lo correcto y sin embargo, quizá sin intención, comete un pecado. ¿Cuál es la consecuencia? Dios, a través de Su siervo Santiago, declara que cuando una persona comete un pecado aún sin intención, es culpable de quebrantar toda la ley. Una buena ilustración de este hecho es imaginarnos una gran ventana y suponer que esa ventana sea la ley de Dios. No importa si una persona avienta un pequeño guijarro a través de la ventana o muchas grandes rocas. El resultado es el mismo... la ventana está rota. De la misma manera, no importa si una persona comete un pequeño pecado o muchos grandes. El resultado es el mismo.... la persona es culpable de quebrantar la ley de Dios. Y el Señor declara que Él no dejará sin castigo al culpable (Nahum 1:3)

Secundariamente, estos conceptos presentan un cuadro anti-bíblico del pago de Dios por el pecado. En ambos casos, tanto en el pecado mortal como el venial, el perdón de la trasgresión hecha, depende de que el ofensor haga una restitución de algún tipo. En el Catolicismo Romano, esta restitución puede tener la forma de llevarlo a confesión, rezar ciertas oraciones, recibir la Eucaristía, u otro ritual de algún tipo. El pensamiento básico es que a fin de que el perdón de Cristo sea aplicado al ofensor, el ofensor debe efectuar algún trabajo y entonces el pecado está garantizado. El pago y el perdón de la trasgresión dependen de las acciones del ofensor.

¿Es esto lo que la Biblia enseña respecto al pago por el pecado? La Biblia enseña claramente que el pago por el pecado no se encuentra en o se basa en las acciones del pecador. Considera las palabras de 1 Pedro 3:18, "Porque también Cristo padeció una sola vez por los pecados, el justo por los injustos, para llevarnos a Dios, siendo a la verdad muerto en la carne, pero vivificado en espíritu;..." Toma nota de la redacción "Cristo padeció una sola vez por los pecados...." Este pasaje enseña que para la persona que ha creído en Jesucristo, todos sus pecados han sido perdonados en la cruz.... Cristo murió por todos ellos. Esto incluye los pecados que el creyente haya cometido antes de su salvación, en su actualidad y los que cometerá después de la salvación.

Colosenses 2:13 y 14 confirma este hecho, "Y a vosotros, estando muertos en pecados y en la incircuncisión de vuestra carne, (Dios) os dio vida juntamente con él (Cristo), perdonándoos todos los pecados, anulando el acta de los decretos que había contra nosotros, que nos era contraria, quitándola de en medio y clavándola en la cruz." Dios ha "..perdonado todos nuestros pecados..." No solo los pecados del pasado, sino todos ellos. Ellos han sido clavados en la cruz y quitados de en medio. Cuando Jesús dijo en la cruz, "Consumado es" (Juan 19:30), Él estaba declarando que Él había cumplido con todo lo que era necesario para garantizar el perdón y la vida eterna a aquellos que creyeran en Él. Esto es por lo que Jesús dice en Juan 3:18 "El que en Él (Jesús) cree, no es condenado...." Pablo menciona este hecho en Romanos 8:1, "Ahora, pues, ninguna condenación hay para los que están en Cristo Jesús..." ¿Por qué no son juzgados los creyentes? ¿Por qué no hay condenación para los que están en Cristo Jesús? Es porque la muerte de Cristo satisfizo la justa ira de Dios contra el pecado (1 Juan 4) y ahora aquellos que confían en Cristo, no llevarán el castigo de ese pecado.

Considerando que los conceptos del pecado mortal y venial colocan la responsabilidad de ganar el perdón de Dios por la trasgresión hecha, en las manos del ofensor; la Biblia enseña que todos los pecados de un creyente son perdonados en la cruz de Cristo. La Biblia enseña por palabra (Gálatas 6:7 y 8) y ejemplo (2 Samuel 11-20) que cuando un cristiano se involucra en el pecado, él o ella pueden cosechar temporal, física, emocional, mental y/o espiritualmente sus consecuencias. Pero que el creyente nunca tiene que readquirir el perdón de Dios debido a su pecado personal, porque la Palabra de Dios declara que la ira de Dios hacia el pecado de los creyentes fue satisfecha completamente en la cruz.

En tercer lugar, estos conceptos presentan un cuadro anti-bíblico sobre la manera en que Dios trata con Sus hijos. Claramente, de acuerdo con al Catolicismo Romano, una de las consecuencias de cometer un pecado mortal es que el ofensor es privado de la vida eterna. Asimismo, de acuerdo con este concepto, Dios le otorgará nuevamente la vida eterna a través del arrepentimiento y las buenas obras.

¿Enseña la Biblia que una persona que ha sido verdaderamente salvada por Dios a través de Cristo puede perder su salvación y recobrarla? Está claro que no se enseña esto. Una vez que una persona ha puesto su fe en Cristo para el perdón de los pecados y la vida eterna, la Biblia enseña que esa persona está eternamente segura... ella no puede perderse. Considera las palabras de Jesús en Juan 10:27-28, "Mis ovejas oyen Mi voz, y Yo las conozco, y Me siguen, y Yo les doy vida eterna; y no perecerán jamás, ni nadie las arrebatará de Mi mano." Considera también las palabras de Pablo en Romanos 8:38-39, "Por lo cual estoy seguro de que ni la muerte, ni la vida, ni ángeles, ni principados, ni potestades, ni lo presente, ni lo por venir, ni lo alto, ni lo profundo, ni ninguna otra cosa creada nos podrá separar del amor de Dios, que es en Cristo Jesús Señor nuestro."

Al reflejar retrospectivamente el hecho de la total satisfacción de la ira de Dios hacia nuestro pecado en la muerte de Cristo, nuestros pecados no pueden separarnos del amor de Dios. En amor, Dios eligió tomar la muerte de Cristo como pago por los pecados del creyente y no los guardó contra el creyente. Así que, cuando el creyente comete pecado, el perdón de Dios en Cristo está siempre presente y, aunque el creyente pueda experimentar las consecuencias auto-infligidas por su pecado, el retiro del amor de Dios y su perdón jamás estarán en juego. En Romanos 7:14-25, Pablo establece claramente que el creyente batallará con el pecado a través de toda su existencia terrenal, pero que Cristo nos salvará de este cuerpo de muerte. Y "Ahora, pues, ninguna condenación hay para los que están en Cristo Jesús..." (Romanos 8:1) Considerando el concepto del pecado mortal que enseña que una persona puede perder su salvación a través del pecado personal, la Biblia enseña que el amor y el favor de Dios nunca será quitado de Sus hijos.

La gracia de Dios no solo redime al creyente de cada acción ilícita, sino también guía al creyente hacia una vida santa y hace al creyente celoso de buenas obras. Esto no significa que el creyente nunca peque; sino que su pasión será el honrar a Dios por la gracia de Dios que trabaja en su vida. Aunque a veces un creyente pueda tambalearse y caer en pecado, y quizá aún de una manera seria, el camino en general y la dirección de su vida será el de la santidad y la pasión por Dios y Su gloria. Si uno sigue los conceptos del pecado mortal y venial, él o ella pueden ser engañados al ver el pecado con una actitud frívola, pensando que él o ella pueden pecar y simplemente buscar el perdón de Dios al punto del deseo personal. La Biblia nos instruye de que el verdadero creyente nunca verá el pecado como algo ligero o sin importancia, y se esforzará, en la fuerza de la gracia de Dios, para vivir una vida santa.

Basándonos en la anterior verdad bíblica, el concepto del pecado mortal y venial no es bíblico y debe ser rechazado como representación de la visión que Dios tiene del pecado y Su solución para él. en la muerte, sepultura y resurrección de Cristo, el problema de nuestro pecado está completamente solucionado y necesitamos mirar no más allá de la increíble demostración del amor de Dios por nosotros. Nuestro perdón y justa posición ante Dios, no depende de nosotros, nuestras caídas, o nuestra fidelidad. El verdadero creyente debe fijar sus ojos en Jesús y vivir a la luz de todo lo que Él ha realizado a favor nuestro. ¡El amor y la gracia de Dios son verdaderamente asombrosos! ¡Vivamos en la luz de la vida que tenemos en Cristo! Que a través del poder del Espíritu Santo, podamos salir victoriosos sobre todo el pecado, ya sea "mortal", "venial", intencional o no.

# CAPITULO 14

# ¿Qué es teología bíblica?

La teología *bíblica* es el estudio de las doctrinas de la biblia, organizadas según su cronología y antecedentes históricos. A diferencia de la teología sistemática, que clasifica la doctrina de acuerdo a temas específicos, la teología bíblica muestra la manifestación de la revelación de Dios mientras sucedía a través de la historia. La teología bíblica puede tratar de aislar y expresar las enseñanzas teológicas de una determinada porción de las escrituras, tales como la teología del pentateuco (los primeros cinco libros del antiguo testamento), o la teología contenida en los escritos de Juan, etc. O también podría centrarse en un determinado período de tiempo, tal como la teología de los años del reino unificado. Otra rama de la teología bíblica puede estudiar un asunto o tema particular en la biblia: por ejemplo, un estudio sobre el "remanente", podría buscar cómo es que se presenta y se desarrolla el tema a lo largo de las escrituras.

Muchos le reconocen a J. P. Gabler, un alemán erudito de la biblia, el inicio del campo de la teología bíblica. Cuando él fue proclamado para una cátedra en 1787, le pidieron una clara distinción entre la teología dogmática (sistemática o doctrinal) y la teología bíblica. Para Gabler, la teología bíblica debía ser estrictamente un estudio histórico de lo que se creía y se enseñaba en los diferentes períodos de la historia bíblica, independientemente de los aspectos modernos confesionales, doctrinales, filosóficos o culturales. En general, los principios que Gabler apoyó fueron correctos, y además influenció en el desarrollo de la teología bíblica durante muchos años.

Sin embargo, cabe señalar que no hay tal cosa como un estudio de la biblia con total objetividad. Cada intérprete aporta ciertas conjeturas a la labor. Estos prejuicios tienen una considerable influencia en el proceso de interpretar las escrituras. Como resultado, el campo de la teología bíblica es confuso con cada opinión que se pueda imaginar y cada variación de lo que enseña la biblia. La teología bíblica es totalmente dependiente de la hermenéutica del teólogo. Los métodos que se usan en la interpretación de las escrituras, son sumamente importantes para la teología bíblica. La teología bíblica de alguien no puede ser mejor que los métodos que utiliza para interpretar la escritura.

Aquí hay una diferencia básica entre la teología sistemática y la teología bíblica: la teología sistemática pregunta: "¿Qué dice la biblia en términos generales acerca de los ángeles?", y luego analiza cada pasaje que se refiere a los seres angelicales, saca conclusiones y organiza toda la información en un conjunto de verdades llamado "angelología". El producto final desde Génesis hasta Apocalipsis, es la totalidad de la verdad revelada de Dios sobre ese tema.

La teología bíblica pregunta: "¿Cómo se desarrolló nuestro conocimiento de los ángeles a lo largo de la historia bíblica?", y luego comienza con la enseñanza del pentateuco acerca de los ángeles y rastrea la revelación progresiva de Dios de estos seres en toda la escritura. En el camino, el teólogo bíblico saca conclusiones acerca de cómo pudo haber cambiado el pensamiento de las personas acerca de los ángeles a medida que se revela más y más la verdad. Desde luego, la conclusión de este estudio es una comprensión de lo que la biblia tiene que decir acerca de los ángeles, pero también coloca ese conocimiento en el contexto de la "imagen global" de toda la revelación de

Dios. La teología bíblica nos ayuda a ver la biblia como un todo unido, en lugar de verla como una colección de puntos doctrinales que no tiene ninguna relación.

# CAPITULO 15

# ¿Cuál fue el papel del Espíritu Santo en el Antiguo Testamento?

El papel del Espíritu Santo en el Antiguo Testamento es muy parecido a Su papel en el Nuevo Testamento. Cuando hablamos del papel del Espíritu Santo, podemos discernir cuatro áreas generales en las que el Espíritu Santo trabaja: 1) regenerando, 2) residiendo (o llenando), 3) restringiendo, y 4) capacitando para el servicio. La evidencia de estas áreas de la obra del Espíritu Santo está presente tanto en el Antiguo como en el Nuevo Testamento.

La primera área de trabajo del Espíritu está en el proceso de regeneración. Otra palabra para regenerar es "renacer," de donde procede el concepto de "nacer de nuevo." El texto clásico de la prueba de esto se encuentra en el Evangelio de Juan: "En verdad, en verdad te digo que el que no nace de nuevo no puede ver el reino de Dios." (Juan 3:3). Esto lleva a la pregunta: ¿qué tiene que ver esto con la obra del Espíritu en el Antiguo Testamento? Más adelante en Su diálogo con Nicodemo, Jesús le dijo: "Tú eres maestro de Israel, ¿y no entiendes estas cosas? (Juan 3:10). El punto que Jesús quería establecer, es que Nicodemo debía haber sabido la verdad de que el Espíritu Santo es la fuente de la vida nueva, porque así es revelado en el Antiguo Testamento. Por ejemplo, Moisés les dijo a los israelitas antes de entrar a la Tierra Prometida que "el SEÑOR tu

Dios circuncidará tu corazón y el corazón de tus descendientes, para que ames al SEÑOR tu Dios con todo tu corazón y con toda tu alma, a fin de que vivas." (Deuteronomio 30:6). Esta circuncisión del corazón es la obra del Espíritu de Dios y únicamente puede ser realizada por Él. También vemos el tema de la regeneración en Ezequiel 11:19-20 y Ezequiel 36:26-29.

El fruto de la obra de regeneración del Espíritu es la fe (Efesios 2:8). Ahora sabemos que había hombres de fe en el Antiguo Testamento, porque Hebreos 11 nombra a muchos de ellos. Si la fe es producida por el poder regenerador del Espíritu Santo, entonces este debe ser el caso de los santos del Antiguo Testamento, quienes miraron la cruz en el futuro, creyendo que lo que Dios había prometido respecto a su redención sucedería. Ellos recibieron las promesas y "... habiéndolas visto y aceptando con gusto desde lejos" (Hebreos 11:13), aceptando por fe que lo que Dios había prometido, también lo cumpliría.

El segundo aspecto de la obra del Espíritu en el Antiguo Testamento es Su permanencia, o llenura. Aquí es donde aparece la mayor diferencia entre los roles del Espíritu en el Antiguo y en el Nuevo Testamento. El Nuevo Testamento enseña que la morada del Espíritu Santo es permanente en los creyentes (1 Corintios 3:16-17; 6:19-20). Cuando ponemos nuestra fe en Cristo para salvación, el Espíritu Santo viene a morar dentro de nosotros. El Apóstol Pablo llama a esta morada permanente la "garantía de nuestra herencia" (Efesios 1:13-14). En contraste con esta obra en el Nuevo Testamento, la permanencia del Espíritu en el Antiguo Testamento era selectiva y temporal. El Espíritu "vino sobre" personas del Antiguo Testamento tales como Josué (Números 27:18), David (1 Samuel 16:12-13) y aún Saúl (1 Samuel 10:10). En el libro de los Jueces, vemos que el Espíritu "vino sobre" varios jueces a quienes Dios levantó para librar a Israel de sus opresores. El Espíritu Santo descendía sobre estas personas para tareas específicas. La presencia del Espíritu Santo era una señal del favor de Dios sobre esa persona (en el caso de David), y si el favor de Dios dejaba a la persona, el Espíritu se apartaba (p.ej. el caso de Saúl en 1 Samuel 16:14). Finalmente cuando el Espíritu "venía sobre" una persona, no siempre era indicativo de la condición espiritual de la persona (p. ej. Saúl, Sansón, y muchos de los jueces). Así que mientras que en el Nuevo Testamento el Espíritu solo mora en los creyentes y Su morada es permanente, en el Antiguo Testamento, el Espíritu venía sobre ciertos individuos para una tarea específica, independientemente de su condición espiritual. Una vez que la tarea era concluida, el Espíritu presumiblemente partía de esa persona.

El tercer aspecto de la obra del Espíritu en el Antiguo Testamento, es Su refrenamiento del pecado. Génesis 6:3 parece indicar que el Espíritu Santo refrenó la pecaminosidad del hombre, y que este freno puede ser retirado cuando la paciencia de Dios respecto al pecado alcanza su "punto de ebullición." Esta creencia es secundada en 2 Tesalonicenses 2:3-8, cuando al final de los tiempos una creciente apostasía señalará la venida del juicio de Dios. Hasta el tiempo pre-ordenado, cuando el "hombre de pecado" (v.3) sea revelado, el Espíritu Santo está refrenando el poder de Satanás y éste se apartará sólo cuando haya cumplido Sus propósitos para hacerlo.

El cuarto y último aspecto de la obra del Espíritu en el Antiguo Testamento, es el capacitar para el servicio. De manera muy parecida a cómo operan los dones en el Nuevo Testamento, el Espíritu capacitaba a ciertas personas para servir. Consideremos el ejemplo de Bezaleel en Éxodo

31:2-5 quien fue dotado para hacer gran parte de la obra de arte relacionada con el Tabernáculo. Además, recordando la morada selectiva y temporal del Espíritu Santo mencionada anteriormente, vemos que estos individuos eran capacitados para realizar ciertas tareas, tales como gobernar sobre el pueblo de Israel (p.ej. Saúl y David).

También podríamos mencionar el papel del Espíritu en la creación. Génesis 1:2 habla de que "el Espíritu de Dios se movía sobre la superficie de las aguas," supervisando la obra de la creación. De forma similar, el Espíritu es el responsable de la obra de la nueva creación (2 Corintios 5:17) ya que Él es quien trae a las personas al reino de Dios a través de la regeneración.

Con todo, el Espíritu realiza gran parte de las mismas funciones en los tiempos del Antiguo Testamento, así como lo hace en la era actual. La mayor diferencia es la residencia permanente del Espíritu en los creyentes de ahora. Como Jesús dijo respecto a este cambio en el ministerio del Espíritu, "pero vosotros sí le conocéis porque mora con vosotros y estará en vosotros." (Juan 14:17).

# CAPITULO 16

# ¿Fue justo el diluvio en el tiempo de Noé?

El diluvio universal de los días de Noé fue el juicio directo de un Dios justo. La biblia dice que la inundación arrasó con "todo ser que vivía sobre la faz de la tierra, desde el hombre hasta la bestia, los reptiles, y las aves del cielo", todo lo que respiraba (Génesis 7:23). Hoy en día algunas personas se sienten ofendidas por la historia del diluvio, diciendo que es una prueba de la injusticia, la arbitrariedad o simplemente la mezquindad de Dios. Acusan a la biblia de promover un Dios temperamental que juzga indiscriminadamente y dicen que sólo un agresor podría ahogar a todas las personas, incluyendo a los niños y a todos los animales inocentes.

Tales ataques sobre el carácter de Dios no son nada nuevo. Mientras que sigan existiendo pecadores en el mundo, habrá acusaciones de que Dios es injusto. Considere el cambio sutil cuando Adán culpó a otros. Cuando se le preguntó por qué comió la fruta prohibida, Adán dijo, "La mujer que me diste por compañera me dio del árbol, y yo comí" (Génesis 3:12). Es decir, fue la culpa de la mujer, y fue la culpa de Dios, ya que Él creó a la mujer. Aunque el culpar a Dios no mitigó el pecado de Adán. Y el llamar a Dios "injusto" por haber enviado el diluvio no disminuirá nuestro pecado.

El diluvio en los días de Noé tiene muchas contrapartes en la historia. Dios juzgó al pueblo de Canaán con la orden de destruirlos (Deuteronomio 20:16-18). Él juzgó igualmente a Sodoma y Gomorra (Génesis 19:24-25), a Nínive (Nahúm 1:14) y a Tiro (Ezequiel 26:4). Y el juicio final ante el Gran Trono Blanco resultará en que todos los impíos de todos los tiempos serán arrojados al lago de fuego (Apocalipsis 20:11-15). El mensaje claro de la biblia es que Dios juzga el pecado, ya sea por medio de un ejército invasor, con fuego y azufre, o con un diluvio universal catastrófico.

**El diluvio fue justo porque Dios lo ordenó (y Dios es justo).** "El Señor mi fortaleza es recto, y en él no hay injusticia" (Salmo 92:15). "Justicia y juicio son el cimiento de tu trono…" (Salmo 89:14). Dios siempre hace lo correcto. Sus decretos y juicios son siempre justos. Si Él decretó que iba a haber un diluvio universal, entonces Él fue justo en hacerlo, no importa lo que digan los escépticos. No es de extrañar que nuestra tendencia es definir la *justicia* de manera que nosotros mismos nos beneficiemos.

**El diluvio fue justo porque la humanidad era malvada.** "Y vio el Señor que la maldad de los hombres era mucha en la tierra, y que todo designio de los pensamientos del corazón de ellos era de continuo solamente el mal" (Génesis 6:5). No podemos imaginar plenamente el grado de la maldad de ese tiempo. Nunca hemos visto algo similar. La maldad era "grande", y *cada* pensamiento del corazón de cada uno de ellos era *de continuo solamente* el mal. No había bondad en el mundo; cada persona estaba totalmente degenerada. No había nada en ellos que *no* fuera malo. Las personas en los días de Noé no eran pecadores ocasionales; ellos se habían arriesgado y *todo* lo que hicieron fue una abominación.

El texto ofrece algunos indicios acerca de la magnitud de la maldad antes del diluvio. Un problema era la violencia desenfrenada: "Y se corrompió la tierra delante de Dios, y estaba la tierra llena de violencia" (Génesis 6:11). Los descendientes de Caín, el primer asesino, abundaban en el derramamiento de sangre. Otra maldad entre los antediluvianos era la sexualidad en lo oculto. Génesis 6:1-4 menciona los Nefilim, "valientes que desde la antigüedad fueron varones de renombre", que fueron el resultado de una unión entre los ángeles caídos y las hijas de los hombres. Los demonios que participaron en este pecado están actualmente en "prisiones de oscuridad. . . reservados al juicio" (2 Pedro 2:4). Las personas que participaron y los Nefilim, fueron destruidos en el diluvio. La descripción bíblica de la humanidad antes del diluvio, es que se habían endurecido completamente y estaban fuera del arrepentimiento. Las cosas estaban tan mal que "El Señor se arrepintió de haber hecho hombre en la tierra, y le dolió en su corazón" (Génesis 6:6).

Pero ¿qué hay de aquellos niños que se ahogaron? El hecho es que el pecado afecta a *toda* la sociedad, no sólo a aquellos que intencionalmente participar en la maldad. Cuando una sociedad promueve el aborto, como resultado los bebés mueren. Cuando el padre o la madre empieza a consumir drogas ilícitas, como resultado sus hijos van a sufrir. Y, en el caso de la generación de Noé, cuando la cultura se dio a sí misma a la violencia y a la sexualidad aberrante, los niños sufrieron. La humanidad trajo el diluvio sobre sí misma y sobre sus propios hijos.

**El diluvio fue justo porque *todo* pecado es un delito grave.** "La paga del pecado es muerte" (Romanos 6:23). No deberíamos estar sorprendidos de que Dios arrasó con la población mundial por medio del diluvio; ¡deberíamos estar sorprendidos de que Él no nos ha hecho algo parecido! Los pecadores suelen tener una perspectiva muy liviana acerca del pecado, no obstante todo pecado es digno de muerte. Subestimamos la misericordia de Dios, como si la mereciéramos; sin embargo, nos quejamos de la justicia de Dios como si de alguna manera fuera injusta, como si *no* la mereciéramos.

**El diluvio fue justo porque el Creador tiene el derecho de hacer lo que le plazca con Su creación.** Así como el alfarero puede hacer lo que quiera con la arcilla en su rueda, de igual manera Dios tiene el derecho de hacer lo que le plazca con el trabajo de Sus propias manos. "Todo lo que el Señor quiere, lo hace, en los cielos y en la tierra, en los mares y en todos los abismos" (Salmo 135:6).

Aquí está la parte más asombrosa de la historia del diluvio: "Noé halló gracia ante los ojos de Jehová" (Génesis 6:8). La gracia de Dios se extendió a su creación dañada y manchada por el pecado y preservó a un hombre y su familia. Al hacerlo, Dios preservó a toda la raza humana a través del linaje piadoso de Set. Y, al traer los animales al arca, Dios también conservó el resto de Su creación. Por lo tanto, el juicio de Dios no fue una aniquilación total, sino un reinicio.

El juicio de Dios en el tiempo de Noé estuvo acompañado por la gracia. El Señor es "misericordioso y piadoso; tardo para la ira, y grande en misericordia y verdad; que guarda misericordia a millares, que perdona la iniquidad, la rebelión y el pecado, *y que de ningún modo tendrá por inocente al malvado…*" (Éxodo 34:6-7, énfasis añadido). Dios preferiría que el impío se arrepienta y viva (Ezequiel 18:23). Dios retardó el juicio sobre los amorreos durante cuatrocientos años (Génesis 15:16). Dios habría salvado a Sodoma incluso por causa de diez personas justas que habitaran allí (Génesis 18:32). Pero, finalmente, Su juicio debía venir.

Le tomó a Noé un centenar de años para construir el arca. Podemos suponer que, si otras personas hubieran querido subirse en el arca para salvarse, lo hubieran podido hecho. Pero eso hubiera requerido de fe. Una vez que Dios cerró la puerta, ya fue demasiado tarde; ellos habían perdido su oportunidad (Génesis 7:16). El punto es que Dios nunca envía un juicio sin previo aviso. Como lo dijo el comentarista Matthew Henry: "Nadie es castigado por la justicia de Dios, sino aquellos que detestan ser reformados por la gracia de Dios".

El diluvio universal en los días de Noé fue un justo castigo del pecado. Quienes dicen que el diluvio fue injusto, para empezar probablemente no le gusta la idea del juicio. La historia de Noé es un claro recordatorio de que, nos guste o no, hay otro juicio venidero: "Mas como en los días de Noé, así será la venida del Hijo del Hombre" (Mateo 24:37). ¿Estás listo, o serás exterminado?

# CAPITULO 17
# ¿Enseña Juan 3:5 que el bautismo es necesario para la salvación?

Como sucede con cualquier verso o pasaje aislado, discernimos lo que éste enseña, filtrándolo primeramente a través de lo que ya conocemos que enseña la Biblia sobre el tema en cuestión. En el caso del bautismo y la salvación, la Biblia es clara en que la salvación es por gracia a través de la fe en Jesucristo, no por obras de ninguna especie, incluyendo el bautismo (Efesios 2:8-9). Así que, cualquier interpretación que llegue a la conclusión de que el bautismo, o cualquier otra acción, son necesarios para la salvación, es una falsa interpretación. Para más información, favor de leer nuestra página web sobre ¿Es la salvación por fe solamente, o por fe más obras?

Juan 3:3-7, *"Respondió Jesús y le dijo: De cierto, de cierto te digo, que el que no naciere de nuevo, no puede ver el reino de Dios. Nicodemo le dijo: ¿Cómo puede un hombre nacer siendo viejo? ¿Puede acaso entrar por segunda vez en el vientre de su madre, y nacer? Respondió Jesús: De cierto, de cierto te digo, que el que no naciere de agua y del Espíritu, no puede entrar en el reino de Dios. Lo que es nacido de la carne, carne es; y lo que es nacido del Espíritu, espíritu es. No te maravilles de que te dije: Os es necesario nacer de nuevo."*

Cuando consideramos este pasaje, es importante notar en primer lugar, que en ninguna parte del contexto es siquiera mencionado el bautismo. Mientras que el bautismo sí se menciona más adelante en este capítulo (Juan 3:22-30), esto es en un lugar totalmente diferente (Judea, en vez de Jerusalén) y en una ocasión diferente a la conversación con Nicodemo. Esto no quiere decir que Nicodemo no estuviera familiarizado con el bautismo, ya fuera por la práctica judía de bautizar a los gentiles convertidos al judaísmo, o por el ministerio de Juan el Bautista. Sin embargo, simplemente leyendo estos versos en el contexto, no nos darían ninguna razón para asumir que Jesús estuviera hablando del bautismo, a menos que uno estuviera predispuesto, buscando encontrar dentro del pasaje una idea o teología preconcebida. El entender automáticamente que se habla del bautismo en este verso, simplemente porque se menciona el "agua," es injustificado.

Aquellos que sostienen que el bautismo es necesario para la salvación, señalan que "nacer del agua" es la evidencia. Como una persona lo expuso, "Jesús lo describe y le dice claramente cómo – naciendo del agua y del Espíritu. ¡Esta es una perfecta descripción del bautismo! Jesús no pudo haber dado una explicación más detallada y exacta del bautismo." Sin embargo, si Jesús realmente hubiera querido decir que uno debe ser bautizado para ser salvo, Él pudo sencillamente haber dicho, "De cierto, de cierto te digo, que a menos que uno sea bautizado y nacido del Espíritu no puede entrar en el reino de Dios." Además, si Jesús hubiera hecho tal declaración, habría contradicho otros muchos pasajes de la Biblia que dejan en claro que la salvación es por fe (Juan 3:16; 3:36; Efesios 2:8-9; Tito 3:5).

Tampoco deberíamos perder de vista el hecho de que cuando Jesús estaba hablando con Nicodemo, la ordenanza del bautismo cristiano aún no entraba en vigor. Esta inconsistencia en interpretar la Escritura, es vista cuando uno le pregunta a aquellos que creen que el bautismo es necesario para la salvación: ¿por qué el ladrón en la cruz no necesitó ser bautizado para ser salvo? Una respuesta común a esta pregunta es, "El ladrón en la cruz aún estaba bajo el Antiguo Pacto, y por lo tanto no estaba sujeto a este bautismo. Él fue salvo al igual que cualquier otro que estaba bajo el Antiguo Pacto." Así que, en esencia, la misma gente que dice que el ladrón no necesitaba ser bautizado porque estaba "bajo el Antiguo Pacto" utilizará Juan 3:5 como "prueba" de que el bautismo es necesario para la salvación. Ellos insisten en que Jesús le está diciendo a Nicodemo, que él debe ser bautizado para ser salvo, aunque él también, estaba aún bajo el Antiguo Pacto. Si el ladrón en la cruz fue salvo sin ser bautizado (porque él estaba bajo el Antiguo Pacto), ¿por qué Jesús le diría a Nicodemo (quien también se encontraba bajo el Antiguo Pacto) que él necesitaba ser bautizado?

Si el "nacer del agua y del Espíritu" no se refiere al bautismo, entonces ¿qué significa? Tradicionalmente, ha habido dos interpretaciones de esta frase. La primera es que "nacer del agua" está siendo usado por Jesús para referirse al nacimiento natural (refiriéndose al agua como el líquido amniótico que rodea al bebé en el vientre materno) y que ser nacido del Espíritu, indica el nacimiento espiritual. Mientras que eso ciertamente es una posible interpretación de "nacer del agua" y parecería ajustarse al contexto de la pregunta de Nicodemo acerca de cómo un hombre puede nacer "siendo viejo," no es la mejor interpretación dado el contexto de este pasaje. Después de todo, Jesús no estaba hablando acerca de la diferencia entre el nacimiento natural y el nacimiento espiritual. Lo que Él estaba haciendo era explicarle a Nicodemo su necesidad de "nacer de lo alto" o "nacer de nuevo."

La segunda interpretación más común de este pasaje y la que mejor se ajusta a todo el contexto, no solo de este pasaje sino de la Biblia como un todo, es el que ve la frase "nacer del agua y del Espíritu" como la descripción de dos diferentes aspectos del mismo nacimiento espiritual, o lo que significa ser "nacido de nuevo" o "nacer de lo alto." Así que cuando Jesús le dijo a Nicodemo que él debía "nacer del agua y del Espíritu," Él no se estaba refiriendo literalmente al agua (p. ej., el bautismo o el líquido amniótico en el vientre materno), sino que se refería a la necesidad de una limpieza o renovación espiritual. A través del Antiguo Testamento (Salmo 51:2,7; Ezequiel 36:25) y el Nuevo Testamento (Juan 13:10; 15:3; 1 Corintios 6:11; Hebreos 10:22), el agua a menudo se utiliza en sentido figurado como limpieza o regeneración espiritual, producida por el Espíritu Santo, a través de la Palabra de Dios, al momento de la salvación (Efesios 5:26; Tito 3:5).

La Biblia de Estudio Diario Barclay describe este concepto de esta manera: "Aquí hay dos ideas. El agua es el símbolo de la limpieza. Cuando Jesús toma posesión de nuestras vidas, cuando lo amamos con todo nuestro corazón, los pecados del pasado son perdonados y olvidados. El Espíritu es el símbolo del poder. Cuando Jesús toma posesión de nuestras vidas, no es solo que el pasado sea perdonado y olvidado; si eso fuera todo, bien podríamos proceder a volver nuevamente al mismo desorden de vida; pero en la vida ingresa un nuevo poder, el cual nos permite ser lo que por nosotros mismos nunca podríamos ser, y hacer lo que por nosotros mismos nunca podríamos hacer. El agua y el Espíritu representan la purificación y el poder fortalecedor de Cristo, que borra el pasado y da victoria en el futuro."

Por tanto, el "agua" mencionada en este verso, no es literalmente el agua física, sino más bien, "el agua viva" que Jesús prometió a la mujer junto al pozo en Juan 4:10, y al pueblo en Jerusalén en Juan 7:37-39. Es la purificación interna y renovadora, producida por el Espíritu Santo que infunde vida espiritual a un pecador muerto (Ezequiel 36:25-27; Tito 3:5). Jesús refuerza esta verdad en Juan 3:7

cuando Él reafirma que uno debe nacer de nuevo y que esta nueva vida solo puede ser producida por el Espíritu Santo (Juan 3:8).

Hay varias razones por las que esta resulta ser la interpretación correcta de la frase "nacer del agua y del Espíritu." Antes que nada, debemos notar que la palabra griega traducida como "de nuevo" tiene dos posibles significados. El primero es "nuevamente," y el segundo es "de arriba." Nicodemo aparentemente asume el primer significado "nuevamente" y encuentra esta idea incomprensible. Eso es por lo que no podía entender cómo un hombre viejo podría entrar de nuevo en el vientre de su madre y nacer físicamente de nuevo. Por tanto, Jesús reitera lo que le acababa de decir a Nicodemo de una manera diferente, para que le quedara claro que Él se estaba refiriendo a "nacer de arriba." En otras palabras, tanto "nacer de arriba" como "nacer del agua y del Espíritu" son dos maneras de decir la misma cosa.

Segundo, es importante notar que la gramática griega en este verso parecería indicar que "ser nacido del agua" y "ser nacido del Espíritu" son considerados como un solo asunto, no dos. Por tanto, no está hablando de dos nacimientos separados, como Nicodemo equivocadamente pensó, sino un solo nacimiento, el de ser "nacido de arriba" o el nacimiento espiritual, que es necesario para todo aquel que "vea el reino de Dios." Esta necesidad de que uno "nazca de nuevo," o de experimentar un nacimiento espiritual, es tan importante, que Jesús le repite a Nicodemo su necesidad de hacerlo, en tres diferentes ocasiones en este pasaje de la Escritura (Juan 3:3, 5, 7).

Tercero, el agua es usada a menudo simbólicamente en la Biblia para referirse a la obra del Espíritu Santo de santificar al creyente, por la cual Dios limpia y purifica el alma y el corazón del creyente. En muchos lugares tanto del Antiguo como del Nuevo Testamento, la obra del Espíritu Santo es comparada con el agua (Isaías 44:3; Juan 7:38-39).

Jesús reprende a Nicodemo en Juan 3:10 al preguntarle, "¿Eres tú maestro de Israel, y no sabes esto?" Esto implica que lo que Jesús le acababa de decir era algo que Nicodemo debía haber sabido y entendido del Antiguo Testamento. ¿Qué es lo que Nicodemo, como un maestro del Antiguo Testamento, debía haber sabido o entendido? Es que Dios había prometido en el Antiguo Testamento, que vendría un tiempo en el que Él haría lo siguiente – "Esparciré sobre vosotros agua limpia, y seréis limpiados de todas vuestras inmundicias; y de todos vuestros ídolos os limpiaré. Os daré corazón nuevo, y pondré espíritu nuevo dentro de vosotros; y quitaré de vuestra carne el corazón de piedra, y os daré un corazón de carne. Y pondré dentro de vosotros mi Espíritu, y haré que andéis en mis estatutos, y guardéis mis preceptos, y los pongáis por obra." (Ezequiel 36:25-27). Jesús reprendió a Nicodemo porque fracasó en recordar y entender uno de los pasajes claves del Antiguo Testamento relacionado con el Nuevo Pacto (Jeremías 31:33). Nicodemo debía haber estado esperando esto. ¿Por qué iba Jesús a reprender a Nicodemo por no entender el bautismo, considerando el hecho de que el bautismo no es mencionado en ninguna parte del Antiguo Testamento?

Mientras que este verso no enseña que el bautismo es requerido para la salvación, debemos ser cuidadosos de no menospreciar la importancia del bautismo. El bautismo es la señal o símbolo de lo que tiene lugar cuando uno ha nacido de nuevo. La importancia del bautismo no debe ser menospreciada o minimizada. Sin embargo, el bautismo no nos salva. Lo que nos salva es la obra de purificación del

Espíritu Santo cuando somos nacidos de nuevo y regenerados por Él (Tito 3:5).

# CAPITULO 18

# ¿Qué es el humanismo secular?

El ideal del humanismo secular es que la humanidad se reconoce como parte de la increada naturaleza eterna; su objetivo es auto remediar al hombre sin referencia a o ayuda de Dios. El humanismo secular surgió de la Ilustración del siglo XVIII y el libre pensamiento del siglo XIX. Algunos cristianos se sorprenderán al saber que en realidad comparten algunos compromisos con los humanistas seculares. Muchos cristianos y humanistas seculares comparten un compromiso con la razón, la investigación libre, la separación de la iglesia y el estado, el ideal de la libertad, y la educación moral; sin embargo, se diferencian en muchas áreas. Los humanistas seculares basan sus ideas sobre la justicia y la moralidad en la inteligencia crítica sin ayuda de las Escrituras, de las cuales dependen los cristianos para el conocimiento de lo verdadero y lo erróneo, el bien y el mal. Y aunque los humanistas seculares y los cristianos desarrollan y utilizan la ciencia y la tecnología, para los cristianos estas herramientas son para utilizarse en el servicio del hombre para la gloria de Dios, mientras que los humanistas seculares ven estas cosas como instrumentos para alcanzar fines humanos sin referencia a Dios. En sus investigaciones sobre el origen de la vida, los humanistas seculares no admiten que Dios creó al hombre del polvo de la tierra, habiendo primero creado la tierra y todas las criaturas vivientes en ella de la nada. Para los humanistas seculares, la naturaleza es una fuerza eterna, autoperpetúa.

Los humanistas seculares pueden sorprenderse al saber que muchos cristianos comparten con ellos una actitud de escepticismo religioso y están comprometidos con el uso de la razón crítica en la educación. Siguiendo el patrón de los de Berea, los humanistas cristianos leemos y escuchamos la instrucción, pero examinamos todas las cosas a la luz de las Escrituras (Hechos 17:11). Nosotros no simplemente aceptamos cualquier declaración o percepción mental que entra en nuestras mentes, pero probamos toda idea y "conocimiento" contra la norma absoluta de la Palabra de Dios para obedecer a Cristo nuestro Señor (ver 2 Corintios 10:5; 1 Timoteo 6:20). Los humanistas cristianos entienden que todos los tesoros de la sabiduría y del conocimiento están ocultos en Cristo (Colosenses 2:3) y buscan crecer en el conocimiento completo de todo lo bueno para el servicio de Cristo (Filipenses 1:9; 4:6; cf. Colosenses 1:9). A diferencia de los humanistas seculares, que rechazan la noción de la verdad revelada, nos adherimos a la Palabra de Dios, que es el estándar contra el cual medimos o comprobamos la calidad de todas las cosas. Estas breves observaciones no dilucidan plenamente el humanismo cristiano, pero añaden vida y relevancia a la definición clínica dada en léxicos (por ejemplo, El Tercer Nuevo Diccionario Internacional de Webster que define el humanismo cristiano como "una filosofía que aboga por la realización del hombre en el marco de los principios cristianos").

Antes de considerar una respuesta cristiana al humanismo secular, debemos estudiar el término mismo humanismo. El humanismo generalmente llama a la mente el renacimiento o el avivamiento del antiguo conocimiento y cultura que se llevó a cabo durante el tiempo del Renacimiento. Durante este tiempo, los "humanistas" desarrollaron modos rigurosos de erudición basados en modelos griegos y romanos, y trataron de construir un nuevo estilo Latín (en las artes literarias y plásticas) y las instituciones políticas en base a ellas. Sin embargo, mucho antes del Renacimiento, el "Humanismo cristiano" prosperó en las obras y el pensamiento de San Agustín, Aquino, Erasmo y otros. Algunos incluso ven en Platón, un filósofo pagano, un tipo de pensamiento que es compatible con la enseñanza cristiana. Mientras que Platón ofrece mucho de lo que es provechoso, sus hipótesis y conclusiones ciertamente no eran bíblicas. Platón, como Nietzsche, creía en la "eterna recurrencia" (la reencarnación); él, y los griegos en general, mostraron respeto superficial a sus dioses, pero para ellos el hombre era la medida de todas las cosas. Expresiones contemporáneas del humanismo secular rechazan los elementos cristianos nominales de sus precursores, y las verdades bíblicas esenciales, como el hecho de que los seres humanos llevan la imagen de su Creador, el Dios revelado en la Biblia y en la vida terrenal y ministerio del Señor Jesús.

Durante la revolución científica, las investigaciones y descubrimientos de científicos ampliamente capacitados que pueden ser considerados humanistas (hombres como Copérnico y Galileo) desafiaron el dogma católico. Roma rechazó los resultados de las nuevas ciencias empíricas y emitió pronunciamientos contradictorios sobre asuntos fuera del dominio de la fe. El Vaticano dijo que, ya que Dios creó los cuerpos celestes, éstos deben reflejar la "perfección" de su Creador; por lo tanto, rechazó los descubrimientos de los astrónomos que las órbitas de los planetas son elípticas y no esféricas, como previamente se creía, y que el sol tiene "spots" o zonas más frías, más oscuras. Estos hechos empíricamente verificables, y los hombres y mujeres que los descubrieron, no contradijeron las enseñanzas bíblicas; la verdad real de la verdad bíblicamente revelada hacia el humanismo naturalista —

caracterizada por el rechazo de la autoridad y la verdad bíblica, y guiando hacia una forma declaradamente secular del humanismo — se produjo durante la Ilustración, que abarcó los siglos XVIII y XIX y echó raíces en toda Europa, floreciendo especialmente en Alemania.

Numerosos panteístas, ateos, agnósticos, racionalistas y escépticos persiguieron varios proyectos intelectuales no obligados a la verdad revelada. En sus formas separadas y distintas, hombres como Rousseau y Hobbes buscaron soluciones amorales y racionales al dilema humano; además, obras como La Fenomenología Del Espíritu de Hegel, La Crítica De La Razón Pura de Kant, y La Ciencia Del Conocimiento de Fichte pusieron las bases teóricas para futuros humanistas seculares. Si consciente o inconscientemente, los académicos contemporáneos y los humanistas seculares construyen sobre esa base cuando promueven exclusivamente enfoques "racionales" a las cuestiones sociales y éticas, y formas antinomianas de libre determinación, negando la obligación de la ley moral, en ámbitos tales como la autonomía individual, la libertad de elección en las relaciones sexuales, la reproducción y la eutanasia voluntaria. En el ámbito cultural, los humanistas seculares dependen de métodos críticos al interpretar la Biblia y rechazan la posibilidad de una intervención divina en la historia humana; a lo sumo, consideran la Biblia una "historia sagrada".

Con el nombre "crítica más alta", el humanismo secular se difundió en las escuelas de teología y promovió su enfoque antropocéntrico o racionalizado de estudios bíblicos. A partir de Alemania, la "crítica más alta" a las finales del siglo XIX intentó "ir detrás de los documentos" para disminuir el énfasis del mensaje autoritario del texto bíblico. Como ha observado Darrell L. Bock, el carácter especulativo de la crítica más alta trató la Biblia "como un espejo brumoso hacia el pasado" y no como el registro histórico inerrante de la vida y las enseñanzas de Cristo y sus apóstoles ("Introducción", Roy B. Zuck y D. L. Bock, Una Teología Bíblica Del Nuevo Testamento, 1994, p. 16). Por ejemplo, en su Teología Del Nuevo Testamento, Rudolf Bultmann, un exponente de la crítica más alta, depende en gran medida de suposiciones críticas. Como señala Bock, el autor es "tan escéptico sobre el retrato del Nuevo Testamento de Jesús que apenas habla de una teología de Jesús" (ibid).

Si bien la crítica más alta debilitó la fe de algunos, otros, como B. B. Warfield del Seminario de Princeton, William Erdman y otros, persuasivamente defendieron la Biblia como la Palabra de Dios. Por ejemplo, en respuesta a los escépticos que cuestionaron la fecha temprana y autoría joánica del cuarto evangelio, Erdman y otros fieles siervos del Señor han defendido estos puntos esenciales por motivos críticos y con beca igual.

Asimismo, en la filosofía, la política y la teoría social, académicos cristianos, juristas, escritores, formuladores de la política y artistas han ejercido armas similares al defender la fe y convencer corazones y mentes para el Evangelio. Sin embargo, en muchas áreas de la vida intelectual, la batalla está lejos de terminar. Por ejemplo, en los círculos literarios más allá del mundo académico, las ideas de Ralph Waldo Emerson siguen teniendo gran influencia. El panteísmo de Emerson equivale a una negación de Cristo; es sutil y puede engañar a los incautos a alejarse del Evangelio. Emerson sostuvo que el "Over Soul" dentro de las personas, (un término genérico, no sectario que significa "presencia perdurable sobre"), hace de cada persona la fuente de su propia salvación y verdad. En la lectura de escritores como Emerson y Hegel, los cristianos (especialmente aquellos que contenderían ardientemente por la fe una vez dada a los santos [Judas 3]) deben ejercer prudencia y mantener central en sus pensamientos la Palabra de Dios y humildemente seguir siendo obedientes a ella en sus vidas.

A veces, los humanistas seculares y cristianos han participado en un diálogo honesto sobre la base o fuente de orden en el universo. Si lo llaman razón o la fuerza motriz de Aristóteles, algunos racionalistas seculares deducen correctamente que la Verdad moral es un prerrequisito para el orden moral. Aunque muchos humanistas seculares son ateos, generalmente tienen una alta opinión de la razón; por lo tanto, los apologistas cristianos pueden dialogar con ellos racionalmente acerca del Evangelio, como Pablo lo hizo en Hechos 17:15-34 cuando se dirigió a los atenienses.

¿Cómo debería responder un cristiano al humanismo secular? Para los seguidores del Camino (Hechos 9:2; 19:19,23), cualquier forma legítima del humanismo debe ver la plena realización del potencial humano en la sumisión de la mente y la voluntad humana a la mente y la voluntad de Dios. La voluntad de Dios es que ninguno perezca, sino que todos se arrepientan y hereden la vida eterna como Sus hijos (Juan 3:16; 1:12). El humanismo secular pretende hacer ambos mucho menos y mucho más. Su objetivo es sanar a este mundo y glorificar al hombre como autor de su propia salvación progresiva. En este sentido, el humanismo "secular" es bastante a gusto con ciertos substitutos religiosos para el verdadero Evangelio de Dios — por ejemplo, las enseñanzas de Yogananda, el fundador de la Sociedad de la Auto-Realización. Por el contrario, los humanistas cristianos siguen al Señor Jesús en el entendimiento que nuestro reino no es de este mundo y no puede ser plenamente realizado aquí, a pesar de las promesas de Dios a Israel (Juan 18:36; 8:23). Fijamos nuestras mentes en el reino eterno de Dios, no en las cosas terrenales, porque hemos muerto y nuestra vida está escondida con Cristo en Dios. Cuando Cristo — quien es nuestra vida — vuelve, seremos manifestados con Él en gloria (Colosenses 3:1-4). Esto es verdaderamente una gran vista de nuestro destino como seres humanos, porque somos Su descendencia, como han dicho incluso los poetas seculares (ver la poema de Arato "Phainomena"; CF. Hechos 17:28).

Uno no tiene que ser un cristiano para apreciar que el humanismo impulsado por la razón sola no puede tener éxito. Incluso Emmanuel Kant, escribiendo su Crítica de la Razón Pura durante el apogeo de la Ilustración alemana, entendió esto. Los seguidores de Cristo no deberían caer víctimas de la falsedad de la filosofía y la tradición humana, o ser tomados cautivos por formas del humanismo basadas en la fe romántica en la posibilidad de la auto-realización humana (Colosenses 2:8). Hegel basó el progreso humano en el ideal de la razón como espíritu mismo "instanciando" a través de etapas dialécticas progresivas en la historia; pero si Hegel hubiese vivido para ver las guerras mundiales del siglo XX, es dudoso que hubiese persistido en detectar el progreso humano en esta debacle de la historia. Los cristianos entienden que cualquier forma de humanismo puesta aparte de una redención de origen divino es condenada al fracaso y es falsa a la fe. Basamos una vista alta del hombre en una vista alta de Dios, ya que la humanidad ha sido creada a la imagen de Dios, y estamos de acuerdo con la Escritura acerca de la situación desesperada del hombre y el plan de Dios de la salvación.

Como observó Alexander Solzhenitsin, el humanismo no ofrece ninguna solución en absoluto de la condición desesperada de la humanidad. Él escribe: "Si el humanismo fuera correcto en la declaración que el hombre nace para ser feliz, no nacería para morir. Ya que su cuerpo es condenado a morir, su tarea en la tierra claramente debe ser de una naturaleza más espiritual." Desde luego. La tarea de la humanidad es buscar y encontrar a Dios (Hechos 17:26-27; cf. 15:17), nuestro Redentor verdadero que nos ofrece una herencia mayor que la terrenal (Hebreos 6:9; 7:17). Cualquiera que abra la puerta a Cristo (Apocalipsis 3:20) heredará ese mejor lugar que Dios ha preparado para aquellos que le aman y son llamados según Sus propósitos (Efesios 1:11; Romanos 8:28; Hebreos 11:16; cf. Mateo 25:34; Juan 14:2). ¿Cuánto más excelente es esto que todos los objetivos orgullosos y elevados contenidos en los manifiestos humanistas seculares?

# CAPITULO 19

# ¿Cuál fue el significado de que el velo del templo se haya rasgado en dos cuando Jesús murió?

Durante el tiempo de la vida de Jesús, el santo templo en Jerusalén era el centro de la vida religiosa judía. Éste era el lugar en el que se llevaban a cabo los sacrificios de animales y la adoración, estrictamente de acuerdo a la ley de Moisés, que era seguida fielmente. Hebreos 9:1-9 nos dice que en el templo había un velo que separaba al Lugar Santísimo – el lugar terrenal donde moraba la presencia de Dios – del resto del templo donde moraban los hombres. Esto significaba que el hombre estaba separado de Dios por el pecado (Isaías 59:1-2). Solo el sumo sacerdote tenía permitido pasar tras el velo una vez al año (Éxodo 30:10; Hebreos 9:7), para entrar ante la presencia de Dios por todo Israel y hacer expiación por sus pecados (Levítico 16).

El templo de Salomón tenía 30 codos de altura (1 Reyes 6:2), pero Herodes había aumentado la altura a 40 codos, de acuerdo a los escritos de Flavio Josefo, un historiador judío del primer siglo. No hay seguridad respecto a cuánto equivalía exactamente un codo a nuestras medidas de metros y centímetros, pero es válido asumir que este velo tenía cerca de 18 metros de altura. Josefo también nos dice que el velo tenía 10 centímetros de espesor, y que aún a dos caballos atados a cada uno de sus extremos, les era imposible rasgarlo. Y la descripción en el libro de Éxodo, enseña que este grueso velo fue confeccionado con material azul, púrpura, carmesí y fino lino torcido.

El tamaño y el grosor de este velo, hacen aún mucho más trascendentales los eventos descritos como ocurridos al momento exacto de la muerte de Jesús en la cruz. "Mas Jesús, habiendo otra vez clamado a gran voz, entregó el espíritu. Y he aquí, el velo del templo se rasgó en dos, de arriba abajo…" (Mateo 27:50-51ª).

¿Así que, qué hacemos con esto? ¿Qué significado tiene este velo rasgado para nosotros en la actualidad? Ante todo, el hecho de que el velo se haya rasgado dramáticamente al momento de la muerte de Jesús, simboliza que Su sacrificio, el derramamiento de Su propia sangre, fue una expiación suficiente por los pecados para siempre. Ahora significa que el camino para el Lugar Santísimo fue abierto para toda la gente de todos los tiempos, tanto judíos como gentiles.

Cuando Jesús murió, el velo se rasgó en dos, y Dios se mudó de ese lugar para no volver a morar en un templo hecho por manos humanas (Hechos 17:24). Dios terminó con ese templo y su sistema religioso, y el templo y Jerusalén quedaron "desolados" (destruidos por los romanos) en el año 70 d.C. justo como Jesús había profetizado que sucedería en Lucas 13:35. En tanto que el templo permaneció, significó la continuación del Antiguo Pacto. Hebreos 9:8-9 se refiere a la era que aún estaba por desaparecer, mientras el Nuevo Pacto estaba siendo establecido (Hebreos 8:13).

En un sentido, el velo era un simbolismo de Cristo Mismo, como el único camino hacia el Padre (Juan 14:6). Esto está simbolizado en el hecho de que el sumo sacerdote tenía que entrar en el Lugar Santísimo a través del velo. Ahora Cristo es nuestro mayor y supremo Sumo Sacerdote, y como creyentes en Su obra terminada, nosotros participamos de Su mejor sacerdocio. Nosotros podemos entrar ahora en el Lugar Santísimo por Él. Hebreos 10:19-20 dice que los fieles entran confiadamente al santuario "… teniendo libertad para entrar en el Lugar Santísimo por la sangre de Jesucristo, por el camino nuevo y vivo que Él nos abrió a través del velo, esto es, de su carne". Aquí vemos la imagen de la carne de Jesús siendo rasgada por nosotros, así como Él rasgó el velo por nosotros.

La rotura del velo de arriba a abajo, es un hecho histórico. El profundo significado de este evento es explicado en gloriosos detalles en Hebreos. Estas cosas eran sombra de las cosas por venir, y a última instancia, todas ellas nos guiaban hacia Jesucristo. Él era el velo hacia el Lugar Santísimo, y a través de Su muerte, el creyente tiene ahora un libre acceso a Dios.

El velo en el templo era un recordatorio constante de que el pecado mantiene a la humanidad apartada de la presencia de Dios. El hecho de que la ofrenda por el pecado fuera ofrecida anualmente y otros innumerables sacrificios repetidos diariamente, tenían como propósito demostrar gráficamente que el pecado no podía verdadera y permanentemente ser expiado o borrado por meros sacrificios de animales. Jesucristo, a través de Su muerte, quitó las barreras entre Dios y el hombre, y ahora podemos acercarnos a Él confiadamente (Hebreos 4:14-16).

# CAPITULO 20

# ¿Cuál es la diferencia entre el cristianismo y el judaísmo?

De las principales religiones del mundo, el cristianismo y el judaísmo son probablemente las más parecidas. Tanto el cristianismo como el judaísmo creen en un solo Dios, que es todopoderoso, omnisciente, omnipresente, eterno e infinito. Ambas religiones creen en un Dios que es santo, recto y justo, y al mismo tiempo, perdonador, amoroso y misericordioso. El cristianismo y el judaísmo comparten las escrituras hebreas (el antiguo testamento) como la autoridad de la Palabra de Dios, aunque el cristianismo también incluye el nuevo testamento. El cristianismo y el judaísmo creen en la existencia del cielo, la morada eterna de los justos, y el infierno, la morada eterna de los impíos (aunque no todos los cristianos ni todos los judíos creen en la eternidad del infierno). El cristianismo y el judaísmo tienen básicamente el mismo código ético, comúnmente conocido hoy como judeo-cristiano. Tanto el judaísmo como el cristianismo enseñan que Dios tiene un plan especial para la nación de Israel y el pueblo judío.

La diferencia más importante entre el cristianismo y el judaísmo es la persona de Jesucristo. El cristianismo enseña que Jesucristo es el cumplimiento de las profecías del antiguo testamento de la venida del Mesías / el Salvador (Isaías 7:14; 9:6-7; Miqueas 5:2). El judaísmo generalmente reconoce a Jesús como un buen maestro, y quizás hasta como un profeta de Dios. El judaísmo no cree que Jesús era el Mesías. Yendo un paso más allá, el cristianismo enseña que Jesús era Dios en carne (Juan 1:1,14; Hebreos 1:8). El cristianismo enseña que Dios se hizo hombre en la persona de Jesucristo, para que pudiera entregar Su vida para pagar el precio por nuestros pecados (Romanos 5:8; 2 Corintios 5:21). El judaísmo niega enfáticamente que Jesús era Dios o que ese sacrificio era necesario.

Jesucristo es la distinción más importante entre el cristianismo y el judaísmo. La persona y la obra de Jesucristo es un asunto primordial en el que el cristianismo y el judaísmo no se pueden poner de acuerdo. Los líderes religiosos de Israel en tiempos de Jesús le preguntaron, "¿Eres tú el Cristo, el Hijo del Bendito? Y Jesús le dijo: Yo soy; y veréis al Hijo del Hombre sentado a la diestra del poder de Dios, y viniendo en las nubes del cielo" (Marcos 14:61-62). Pero ellos no creyeron Sus palabras ni lo aceptaron como el Mesías.

Jesucristo es el cumplimiento de las profecías hebreas respecto a la venida del Mesías. El Salmo 22:14-18 describe un evento innegablemente similar a la crucifixión de Jesús, "He sido derramado como aguas,

Y todos mis huesos se descoyuntaron; mi corazón fue como cera, derritiéndose en medio de mis entrañas. Como un tiesto se secó mi vigor, y mi lengua se pegó a mi paladar, y me has puesto en el polvo de la muerte. Porque perros me han rodeado; me ha cercado cuadrilla de malignos; horadaron mis manos y mis pies. Contar puedo todos mis huesos; entre tanto, ellos me miran y me observan. Repartieron entre sí mis vestidos, y sobre mi ropa echaron suertes". Evidentemente esta profecía mesiánica no puede ser nadie más que Jesucristo, cuya crucifixión cumplió cada uno de estos detalles (Lucas 23; Juan 19).

No hay descripción más exacta de Jesús como la que está en Isaías 53:3-6, "Despreciado y desechado entre los hombres, varón de dolores, experimentado en quebranto; y como que escondimos de él el rostro, fue menospreciado, y no lo estimamos. Ciertamente llevó él nuestras enfermedades, y sufrió nuestros dolores; y nosotros le tuvimos por azotado, por herido de Dios y abatido. Mas él herido fue por nuestras rebeliones, molido por nuestros pecados; el castigo de nuestra paz fue sobre él, y por su llaga fuimos nosotros curados. Todos nosotros nos descarriamos como ovejas, cada cual se apartó por su camino; mas Jehová cargó en él el pecado de todos nosotros".

El apóstol Pablo, un judío y un estricto seguidor del judaísmo, encontró a Jesucristo en una visión (Hechos 9:1-9) y pasó a convertirse en el mayor testigo de Cristo y el autor de casi la mitad del nuevo testamento. Pablo, más que ningún otro, comprendió la diferencia entre el cristianismo y el judaísmo. ¿Cuál fue el mensaje de Pablo? "Porque no me avergüenzo del evangelio (de Jesucristo), porque es poder de Dios para salvación a todo aquel que cree; al judío primeramente, y también al griego" (Romanos 1:16).

# CAPITULO 21

# ¿Cómo es una eternidad en el infierno, un castigo justo por el pecado?

Este es un tema que molesta a mucha gente, y parece surgir de un entendimiento incompleto de tres cosas: la naturaleza de Dios, la naturaleza del hombre, y la naturaleza del pecado. Como seres humanos caídos y pecadores, la naturaleza de Dios es un concepto difícil de comprender para nosotros. Tendemos a ver a Dios como un Ser bondadoso y misericordioso, cuyo amor por nosotros anula y ensombrece todos Sus demás atributos. Desde luego que Dios es amoroso, bondadoso y misericordioso, pero Él es primero y antes que nada un Dios santo y justo. De hecho, es tan santo, que no puede tolerar el pecado. Él es un Dios cuya ira arde contra el impío y aquellos que lo desobedecen (Isaías 5:25; Oseas 8:5; Zacarías 10:3). El no sólo es un Dios amoroso; ¡Él es el amor mismo! Pero la Biblia también nos dice que Él aborrece todo tipo de pecado (Proverbios 6:16-19). Y mientras Él es misericordioso, tiene límites para Su misericordia. "Buscad al Señor mientras puede ser hallado, llamadle en tanto que está cercano. Deje el impío su camino, y el hombre inicuo sus pensamientos, y vuélvase al Señor, el cual tendrá de él misericordia, y al Dios nuestro, el cual será amplio en perdonar" (Isaías 55:6-7)

La humanidad está corrompida por el pecado, y ese pecado

está siempre dirigido contra Dios. Cuando David pecó al cometer adulterio con Betsabé y haber dado muerte a Urías, él respondió con una oración interesante: "Contra ti, contra Ti solo he pecado, y he hecho lo malo delante de Tus ojos…" (Salmos 51:4). Puesto que David había pecado contra Betsabé y Urías, ¿cómo podía decir que sólo había pecado contra Dios? David entendió que todo pecado es en última instancia contra Dios. Dios es un Ser eterno e infinito (Salmos 90:2). Como resultado, todo pecado requiere un castigo eterno. El carácter santo y perfecto de Dios, ha sido ofendido por nuestro pecado. Aunque para nuestras mentes finitas nuestro pecado está limitado en el tiempo, para Dios –quien no está sujeto al tiempo – el pecado que Él odia, es permanente. Nuestro pecado está continuamente ante Él y debe ser castigado de continuo, a fin de satisfacer Su santa justicia.

Nadie entiende mejor esto que alguien que esté en el infierno. Un ejemplo perfecto es la historia del hombre rico y el mendigo llamado Lázaro. Ambos murieron, y el hombre rico fue al infierno, mientras que Lázaro fue al paraíso (llamado el seno de Abraham en Lucas 16). Desde luego, el hombre rico estaba consciente de que sus pecados fueron cometidos únicamente durante el lapso de su vida. Pero es interesante que él nunca dice: "¿Cómo vine a estar aquí?" Esa pregunta nunca se hace en el infierno. Tampoco dice, "¿Realmente merezco esto?" "¿No creen que esto sea demasiado?" Él nunca dice nada de eso. Sólo pide que alguien vaya con sus hermanos quienes aún viven y les advierta respecto a su destino.

Al igual que el hombre rico, todo pecador en el infierno tiene la plena conciencia de que merece estar allí. Cada pecador tiene una conciencia plenamente informada, sumamente consciente y sensible que, en el infierno, se convierte en su propio tormento. Esta es la experiencia de tortura en el infierno – un alma totalmente consciente de su pecado con una implacable conciencia acusadora, martillándole sin un momento de reposo. La culpa del pecado le produce vergüenza, un odio y aborrecimiento eterno de sí mismo. El hombre rico sabía que el castigo eterno por una vida de pecados, es justificado y merecido. Eso es por lo que nunca protestó o cuestionó el encontrarse en el infierno.

Las realidades de la condenación eterna, el infierno eterno, el castigo eterno, son así de atemorizantes y perturbadoras. Pero es bueno que estemos aterrorizados. Aunque esto pueda sonar desagradable (y lo es), hay buenas noticias. Dios nos ama (Juan 3:16) y quiere salvarnos del infierno (2 Pedro 3:9). Pero por ser también un Dios santo y justo, Él no puede permitir que nuestro pecado quede sin castigo. Alguien tiene que pagar por él. En Su gran misericordia y amor, Dios proveyó Su propio pago por nuestro pecado. Él envió a Su Hijo Jesucristo para pagar el castigo por nuestros pecados, al morir en la cruz por nosotros. La muerte de Jesús fue una muerte infinita porque Él es el infinito Dios/hombre, que pagó nuestra deuda de pecado infinita, para que no tengamos que pagar en el infierno por una eternidad (2 Corintios 5:21). Si confesamos nuestros pecados y ponemos nuestra fe en Cristo, pidiendo el perdón de Dios basado en el sacrificio de Cristo, somos salvos, perdonados, limpiados y tenemos la promesa de un hogar eterno en el cielo. Dios nos amó tanto que Él proveyó el medio para nuestra salvación, pero si rechazamos Su regalo de vida eterna, enfrentaremos las consecuencias eternas de esa decisión.

# CAPITULO 22

# ¿Qué sucedió con el Arca del Pacto?

Lo que sucedió con el Arca del Pacto es una pregunta que ha fascinado por siglos a teólogos, estudiantes bíblicos y arqueólogos. En el año 18 de su reinado, el rey Josías de Judá ordenó a los guardianes del Arca del Pacto, que la regresaran al templo en Jerusalén (2 Crónicas 35:1-6; cfr. 2 Reyes 23:21-23). Esa es la última vez que el Arca es mencionada en las Escrituras. Cuarenta años después, el rey Nabucodonosor de Babilonia capturó Jerusalén y saqueó el templo. Menos de 10 años después de eso, regresó, tomó lo que quedaba en el templo y luego lo quemó junto con la ciudad hasta sus cimientos. Así que ¿qué sucedió con el Arca? ¿Fue tomada por Nabucodonosor? ¿Fue destruida junto con la ciudad? ¿O fue sacada y escondida antes que todo esto sucediera, como evidentemente sucedió en el caso de la invasión al templo efectuada por Sisac rey de Egipto, durante el reinado de Roboam, hijo de Salomón? (digo evidentemente, porque si no hubiera sido escondida de Sisac, y él hubiera conseguido llevársela como algunos creen – como ejemplo, ver la trama ideada para la película "Indiana Jones y los Cazadores del Arca Perdida" - ¿Cómo entonces hubiera sido posible que Josías pidiera a los Levitas que la regresaran tantos años después, si es que no la hubieran tenido en su poder?).

El libro no canónico de 2 Macabeos cuenta que justo antes de la invasión de Babilonia, Jeremías "advertido por un oráculo, mandó llevar con él el tabernáculo y el Arca, y…se fue a la montaña donde Moisés había subido para contemplar la herencia de Dios [ej. El Monte Nebo; cfr. Deuteronomio 31:1-4]. Al llegar, Jeremías encontró una caverna: allí introdujo la tienda, el arca y el altar del incienso y clausuró la entrada" (2:4-5). Sin embargo, "Algunos de sus acompañantes volvieron para poner señales en el camino, pero no pudieron encontrarlo. Y cuando Jeremías se enteró de esto, los reprendió, diciéndoles: "Ese lugar debe permanecer desconocido hasta que Dios tenga misericordia de su pueblo y lo reúna. Entonces el Señor pondrá todo de manifiesto, y aparecerá la gloria del Señor y la nube, como apareció en tiempos de Moisés y cuando Salomón oró para que el Santuario fuera solemnemente consagrado" (2:6-8). No se sabe si este relato de segunda mano (ver 2:1) esté o no apegado a la verdad, pero si lo está, no lo sabremos hasta que el Señor regrese, como el relato mismo lo afirma.

Otras teorías concernientes a la localización del Arca, incluyen a los rabinos Shlomo Goren y Yehuda Getz, quienes aseguran que está escondida bajo el monte del templo, habiendo sido enterrada ahí porque Nabucodonosor podía haberla robado. Desafortunadamente, el monte del templo es ahora la sede del Domo de la Roca, un lugar santo para el Islam, y la comunidad local musulmana, quien se rehúsa a permitir que sea excavado para buscar el Arca. Así que no podemos saber si los Rabinos Goren y Getz están en lo cierto.

El explorador Vendyl Jones, entre otros, creen que un artefacto encontrado entre los Pergaminos del Mar Muerto, el enigmático "Rollo de Cobre" de la Cueva 3 de Qumrán, es en realidad el mapa de un tesoro que contiene algo así como un listado de lugares en los que fueron enterrados varios tesoros preciosos tomados del Templo antes de la llegada de los babilonios, encontrándose entre ellos el Arca perdida del Pacto. Ya sea que esto sea o no verdad, falta por verse, porque aún nadie ha sido capaz de localizar todas las marcas geográficas necesarias descritas en el rollo. Es interesante que algunos expertos especulan que el Rollo de Cobre puede ser al que se refiere el relato registrado en 2 Macabeos 2:1 y 4, el cual describe a Jeremías escondiendo el Arca. Aunque esta es una especulación interesante, permanece sin sustentación.

El antes corresponsal del Este de África para "El Economista," Graham Hancock, publicó en 1992 un libro titulado "The Sign and the Seal: The Quest for the Lost Ark of the Covenant," (La Muestra y el sello: La búsqueda del arca perdida del pacto), en el cual él argumenta que el Arca ha sido guardada en la Iglesia de Santa María de Sion en Aksum, una antigua ciudad de Etiopía. El explorador Robert Cornuke del Instituto B.A.S.E., también cree que el Arca pueda estar ahora en Aksum. Sin embargo, aún nadie la ha encontrado ahí. Del mismo modo, el arqueólogo Michael Sanders cree que el Arca está guardada en un antiguo templo egipcio en la villa israelita de Djaharya, pero aún le falta comprobar que se encuentre ahí.

Una dudosa tradición irlandesa, mantiene que el Arca está enterrada bajo la colina de Tara en Irlanda. Algunos estudiosos creen que esto es el origen de la leyenda irlandesa sobre "la olla de oro al final del arco iris". Aún menos creíbles son las aseveraciones de Ron Wyatt y Tom Croster, Wyatt afirmando haber visto el Arca del Pacto enterrada bajo el Monte Calvario y Crotser afirmando haberla visto en el Monte Pisga, cerca del monte Nebo. Ambos hombres son tenidos en baja estima por la comunidad arqueológica, y ninguno de ellos ha sido capaz de sustentar sus increíbles aseveraciones con alguna evidencia.

Por último, el Arca permanece perdida para todos, excepto

para Dios. Las interesantes teorías, como las aquí presentadas, han sido y continuarán siendo expuestas en cuanto a su posible localización, pero aún ninguna ha sido capaz de encontrarla. El escritor de 2 Macabeos muy bien pudo haber estado en lo correcto; tal vez no podamos averiguar lo que sucedió con el Arca perdida de la Alianza, hasta que el Señor Mismo regrese.

# CAPITULO 23

# ¿Qué era el lugar santísimo?

El sitio conocido como el lugar santísimo, era el área más oculta y más sagrada del antiguo tabernáculo de Moisés y del templo de Jerusalén. El lugar santísimo fue construido como un cubo perfecto. Sólo contenía el arca del pacto, el símbolo de la relación especial de Israel con Dios. Únicamente el sumo sacerdote israelita podía acceder al lugar santísimo. Una vez al año, en Yom Kipur, el día de la expiación, el sumo sacerdote estaba autorizado para entrar en el pequeño recinto, sin ventanas para quemar incienso y rociar la sangre de un animal sacrificado sobre el propiciatorio del arca. Al hacerlo, el sumo sacerdote expiaba sus propios pecados y los del pueblo. El lugar santísimo estaba separado del resto del tabernáculo / templo por el velo, un enorme y pesado velo de azul, púrpura, carmesí y lino torcido, y bordado con querubines de oro.

Dios dijo que Él aparecería en el lugar santísimo (Levítico 16:2); por lo tanto, se necesitaba el velo. Existe una barrera entre el hombre y Dios. Nadie podía tener acceso a la santidad de Dios, excepto el sumo sacerdote, y sólo una vez al año. "Muy limpio eres de ojos para ver el mal" (Habacuc 1:13), y Dios no puede tolerar el pecado. El velo y los elaborados rituales realizados por el sacerdote, eran un recordatorio de que el hombre no podía entrar a la majestuosa presencia de Dios de manera descuidada o irreverente. Antes que el sumo sacerdote entrara en el lugar santísimo en el día de la expiación, tenía que lavarse, ponerse una ropa especial, traer incienso quemado para que el humo cubriera sus ojos y no viera directamente a Dios, y traer sangre sacrificial con él, para hacer expiación por los pecados (Éxodo 28; Levítico 16; Hebreos 9:7).

La importancia del lugar santísimo para los cristianos, se encuentra en los acontecimientos que rodearon la crucifixión de Cristo. Cuando Jesús murió, algo increíble sucedió: "Mas Jesús, habiendo otra vez clamado a gran voz, entregó el espíritu. Y he aquí, el velo del templo se rasgó en dos, de arriba abajo" (Mateo 27:50-51a). El velo no fue rasgado en dos por ningún hombre. Fue un acontecimiento sobrenatural hecho por el poder de Dios para decir algo importante: a causa de la muerte de Cristo en la cruz, el hombre ya no estaba separado de Dios. El sistema del templo del antiguo testamento quedo obsoleto cuando el nuevo pacto fue ratificado. Ya no tenemos que depender de los sacerdotes para que realicen sacrificios una vez al año en nuestro favor. El cuerpo de Cristo fue "rasgado" en la cruz, así como el velo fue rasgado en el templo, y ahora tenemos acceso a Dios a través de Jesús: "Así que, hermanos, teniendo libertad para entrar en el Lugar Santísimo por la sangre de Jesucristo, por el camino nuevo y vivo que él nos abrió a través del velo, esto es, de su carne" (Hebreos 10:19-20).

El sacrificio de Cristo una vez y para siempre, acabó con la necesidad de sacrificios anuales, que nunca podían quitar los pecados (Hebreos 10:11). Esos sacrificios eran simplemente una tipología del sacrificio perfecto venidero, el del cordero santo de Dios, sacrificado por los pecados del mundo (Juan 1:29). El lugar santísimo, la misma presencia de Dios, ahora está disponible a todos los que vienen a Cristo en la fe. Donde antes había una barrera imponente custodiada por querubines, Dios ha abierto un camino por la sangre que Su hijo derramó.

# CAPITULO 24

# ¿Qué es el día de la expiación (Yom Kippur)?

El día de expiación (Levítico 23:27-28), también conocido como Yom Kippur, fue el día santo más solemne de todas las fiestas y festivales israelitas, que ocurrían una vez al año en el décimo día de Tishrei, el séptimo mes del calendario hebreo. Ese día, el sumo sacerdote tenía que llevar a cabo rituales para expiar los pecados del pueblo. Descrito en Levítico 16:1-34, el ritual de la expiación comenzó con Aaron, o los futuros sumos sacerdotes de Israel, que entraban al lugar santísimo. Dios destacaba la solemnidad de la jornada diciéndole a Moisés que advirtiera a Aarón para no entrar en el lugar santísimo cada vez que sentía hacerlo, sino solamente en este día especial una vez al año, para que no muriera (v. 2). Esta era una ceremonia que no había que tomarse a la ligera, y el pueblo tenía que entender que la expiación por el pecado debía hacerse a la manera de Dios.

Antes de entrar en el tabernáculo, Aarón tenía que lavar su cuerpo y colocarse una ropa especial (v. 4), luego, sacrificar un becerro como ofrenda por el pecado para él y su familia (v. 6, 11). La sangre del becerro había que esparcirla en el arca del pacto. Después, Aarón debía traer dos machos cabríos, uno para ser sacrificado "a causa de las impurezas de los hijos de Israel, de sus rebeliones y de todos sus pecados" (v. 16), y su sangre era rociada en el arca del pacto. El otro macho cabrío fue utilizado como chivo expiatorio. Aarón ponía sus manos sobre su cabeza y confesaba sobre él la rebelión y la maldad de los hijos de Israel, y lo soltaba en el desierto por mano de un hombre destinado para esto (v. 21). El macho cabrío llevaba sobre sí todos los pecados del pueblo, que eran perdonados por otro año (v. 30).

El significado simbólico del ritual, especialmente para los cristianos, se ve primero en el lavado y la limpieza del sumo sacerdote, el hombre que liberaba el macho cabrío, y el hombre que llevaba los animales sacrificados fuera del campamento para quemarlos (v. 4, 24, 26, 28). Las ceremonias del lavamiento de los israelitas a menudo eran requeridas en todo el antiguo testamento y simbolizaban la necesidad que la humanidad tiene de ser limpia del pecado. Pero no fue hasta que Jesús vino a hacer el sacrificio "una vez y para siempre" que la necesidad de ceremonias de purificación cesó (Hebreos 7:27). La sangre de los toros y de los machos cabríos sólo podía expiar los pecados si el ritual se realizaba continuamente, año tras año, mientras que el sacrificio de Cristo fue suficiente para todos los pecados de todos los que llegaran a creer en Él. Cuando se hizo Su sacrificio, Él declaró, "consumado es" (Juan 19:30). Luego, Él se sentó a la diestra de Dios, y ya no se necesita ningún otro sacrificio (Hebreos 10:1-12).

La suficiencia y la totalidad del sacrificio de Cristo también se ve en los dos machos cabríos. La sangre del primer macho cabrío se rociaba sobre el arca, en un ritual que apaciguaba la ira de Dios por otro año. El segundo macho cabrío llevaba los pecados del pueblo al desierto donde eran olvidados y ya no se aferraban al pueblo. El pecado se apaciguaba y se expiaba a la manera de Dios (sólo por el sacrificio de Cristo en la cruz). La propiciación es el acto de aplacar la ira de Dios, mientras que la expiación es el acto de reparar el daño por el pecado y quitarlo del pecador. Ambas cosas se alcanzan eternamente por Cristo. Cuando

Él mismo se sacrificó en la cruz, aplacó la ira de Dios contra el pecado, tomando esa ira sobre sí mismo: "Pues mucho más, estando ya justificados en su sangre, por él seremos salvos de la ira" (Romanos 5:9). La eliminación del pecado por el segundo macho cabrío era una viva parábola de la promesa de que Dios removería nuestras transgresiones de nosotros cuanto está lejos el oriente del occidente (Salmos 103:12) y que Él ya no los recordaría más (Hebreos 8:12; 10:17). Aun hoy los judíos celebran el día anual de la expiación, que cae en diferentes días cada año, en septiembre y octubre, tradicionalmente guardando este día santo con un período de 25 horas de ayuno y de intensa oración, a menudo, pasando la mayor parte del día en los servicios de la sinagoga.

# CAPITULO 25

# ¿Cuáles fueron los diferentes sacrificios en el antiguo testamento?

Hay cinco tipos principales de sacrificios u ofrendas en el antiguo testamento. El holocausto (Levítico 1; 6:8-13; 8:18-21; 16:24), la ofrenda de cereal (Levítico 2; 6:14-23), la ofrenda de paz (Levítico 3; 7:11-34), la ofrenda por el pecado (Levítico 4; 5:1-13; 6:24-30; 8:14-17; 16:3-22), y la ofrenda expiatoria (Levítico 5:14-19; 6:1-7; 7:1-6). Cada uno de estos sacrificios requería ciertos elementos, ya fuera un animal o un fruto del campo, y tenía un propósito específico. La mayoría eran divididos en dos o tres porciones, una parte para Dios, la porción de los levitas o sacerdotes, y, si había una tercera porción, esta la conservaba la persona que ofrecía el sacrificio. Los sacrificios en un sentido más amplio, se pueden clasificar como ofrendas voluntarias u obligatorias.

**Los sacrificios voluntarios**

Había tres ofrendas voluntarias. La primera era el holocausto, un acto voluntario de adoración para expresar la devoción o el compromiso con Dios. También se usaba como una expiación por el pecado involuntario. Los elementos del holocausto eran: un toro, una paloma, o un carnero perfecto. La carne, los huesos y los órganos del animal tenían que ser totalmente quemados, y esta era la porción de Dios. La piel del animal era para los levitas, que luego podrían venderla para ganar dinero para ellos mismos.

La segunda ofrenda voluntaria era la ofrenda de cereal, en la que el fruto del campo se ofrecía en forma de torta o pan horneado hecho de cereales, harina, aceite y sal. La ofrenda de cereal fue uno de los sacrificios que iba acompañado de una libación de un cuarto de hin (alrededor de un cuarto de galón) de vino, que se vertía en el fuego del altar (Números 15:4-5). El propósito de la ofrenda de cereal era para expresar agradecimiento en reconocimiento a la provisión de Dios e inmerecida benevolencia hacia la persona que realizaba el sacrificio. A los sacerdotes se les daba una parte de esta ofrenda, pero tenían que comérsela dentro del atrio del tabernáculo.

La tercera ofrenda voluntaria era la ofrenda de paz, que consistía de un animal sin defecto de la manada del adorador, y/o diferentes granos o panes. Este fue un sacrificio de acción de gracias y comunión, seguido por una comida compartida. Al sumo sacerdote se le daba el pecho del animal; al sacerdote se le daba el muslo derecho. A estas partes de la oferta se les llamaba "ofrenda mecida" y la "ofrenda elevada", porque se mecían o se levantaban sobre el altar durante la ceremonia. La grasa, los riñones y la grosura del hígado se daban a Dios (se quemaban), y el resto del animal era para que los participantes comieran, simbolizando la provisión de Dios. La ofrenda de votos, de acción de gracias y la ofrenda voluntaria mencionadas en el antiguo testamento, eran todas ofrendas de paz.

**Sacrificios Obligatorios**

Hubo dos sacrificios obligatorios en la ley del antiguo testamento. El primero era la ofrenda por el pecado. El propósito de la ofrenda por el pecado era para expiar el pecado y limpiar de toda contaminación. Había cinco posibles elementos de un sacrificio por el pecado: el sacrificio de un becerro, un macho cabrío, una cabra hembra, una tórtola/palomino, o 1/10 de efa de flor de harina. El tipo de animal dependía de la identidad y la situación financiera del que ofrecía el sacrificio. Una cabra hembra era la ofrenda por el pecado para la persona del común, la flor de harina era el sacrificio de los más pobres, un becerro se ofrecía por el sumo sacerdote y la congregación en general, y así sucesivamente. Cada uno de estos sacrificios tenían instrucciones precisas de qué hacer con la sangre del animal durante la ceremonia. Las porciones grasosas, la grosura del hígado y los riñones se le daban a Dios (se quemaban); el resto del animal se quemaba completamente sobre el altar y las cenizas se lanzaban fuera del campamento (en expiación por el sumo sacerdote y la congregación), o se comían dentro del atrio del tabernáculo.

El otro sacrificio obligatorio fue la ofrenda por el pecado, y este sacrificio era exclusivamente un carnero. La ofrenda por el pecado se daba como expiación por pecados no intencionales que exigía la retribución a la parte ofendida, y también como una limpieza de pecados que contaminan o de malestares físicos. De nuevo, la grosura, los riñones y la grosura del hígado, se ofrecían a Dios, y el resto del carnero tenía que comerse dentro del atrio del tabernáculo.

Los sacrificios en el antiguo testamento apuntaban hacia el perfecto y definitivo sacrificio de Cristo. Como con el resto de la ley, los sacrificios eran "sombra de lo que ha de venir; pero el cuerpo es de Cristo" (Colosenses 2:17). Hoy los cristianos reconocen la muerte expiatoria de Cristo en la cruz como el único sacrificio necesario por el pecado, ofrecido una vez y para siempre (Hebreos 10:1-18). Su muerte abrió el "lugar santísimo" para nosotros (Hebreos 10:19-22), a fin de que podamos entrar libremente en la presencia de Dios y ofrecer nuestro "sacrificio de alabanza" (Hebreos 13:15; cf. 9:11-28; 4:14-5:10).

# CAPITULO 26

# ¿Cuál fue el cautiverio o el exilio babilónico?

El cautiverio o exilio babilónico se refiere al período de tiempo en la historia de Israel, cuando los judíos fueron llevados cautivos por el rey Nabucodonosor II de Babilonia. Es un período importante de la historia bíblica, porque tanto el cautiverio como el exilio, el retorno y la restauración de la nación judía, fueron el cumplimiento de profecías del antiguo testamento.

Dios usó a Babilonia como Su agente de juicio contra Israel por sus pecados de idolatría y rebelión contra Él. De hecho, hubo varias veces durante este período (607-586 a.C) cuando los judíos fueron llevados cautivos por Babilonia. Con cada una de las sucesivas rebeliones contra el imperio babilónico, Nabucodonosor llevaría sus ejércitos contra Judá hasta que asediaron a Jerusalén durante más de un año, matando a muchas personas y destruyendo el templo judío, tomando miles de judíos cautivos, y dejando a Jerusalén en ruinas.

Como se profetizó en las escrituras, al pueblo judío se le permitiría regresar a Jerusalén tras 70 años de exilio. Esa profecía se cumplió en el año 537 a.C, y el rey Ciro de Persia autorizó a los judíos regresar a Israel y comenzar a reconstruir la ciudad y el templo. El regreso bajo la dirección de Esdras, condujo a un avivamiento entre el pueblo judío y a la reconstrucción del templo.

Bajo el reinado del rey Nabucodonosor II, el imperio babilónico se extendió en todo el oriente medio, y alrededor del año 607 a.C, el rey Joacim de Judá fue forzado a la sumisión, convirtiéndose en el siervo de Nabucodonosor (2 Reyes 24:1). Fue durante este tiempo que Nabucodonosor tomó muchos de los mejores y más brillantes jóvenes de cada ciudad en Judá en cautiverio, incluyendo a Daniel, Ananías (Sadrac), Misael (Mesac) y Azarías (Abed-nego). Después de tres años de servir a Nabucodonosor, Joacim de Judá se rebeló contra el imperio babilónico y una vez más volvió a Egipto en busca de apoyo. Después de enviar a su ejército para hacer frente a la rebelión de Judá, Nabucodonosor dejó a Babilonia en el año 598 a.C. para lidiar con el problema. Al llegar a Jerusalén alrededor de marzo del año 597 a.C., Nabucodonosor sitió a Jerusalén, tomando el control de la zona, saqueándola, y tomando cautivos a Joaquín hijo de Joacim, su familia, y casi toda la población de Judá, dejando sólo a los más pobres de la tierra (2 Reyes 24:8-16).

En ese momento Nabucodonosor designó al rey Sedequías para gobernar como su representante sobre Judá, pero después de nueve años y sin haber aprendido su lección, Sedequías condujo a Judá a rebelión contra Babilonia una última vez (2 Reyes 24-25). Influenciado por falsos profetas y haciendo caso omiso de las advertencias de Jeremías, Sedequías decidió unirse a una coalición que se formó de Edom, Moab, Amón y los Fenicios, en rebelión contra Nabucodonosor (Jeremías 27:1-15). Esto dio como resultado que Nabucodonosor sitiara nuevamente a Jerusalén. Jerusalén cayó en julio del año 587 o 586 a.C., y Sedequías fue llevado cautivo a Babilonia después de presenciar la muerte de sus hijos, y luego le sacaron los ojos (2 Reyes 25). En este momento, Jerusalén fue devastada, el templo fue destruido y todas las casas quemadas. La mayoría de los judíos fueron llevados cautivos, pero, de nuevo, Nabucodonosor dejó un remanente de gente pobre para servir como agricultores y viñadores (2 Reyes 25:12).

Los libros de 2 Crónicas y 2 Reyes tratan con gran parte del tiempo que precede a la caída tanto del reino del norte como el de Judá. También abarcan la destrucción de Jerusalén por parte de Nabucodonosor, y el principio de la cautividad babilónica. Jeremías fue uno de los profetas durante el tiempo previo a la caída de Jerusalén y el exilio, y Ezequiel y Daniel se escribieron mientras los judíos estaban en el exilio. Esdras trata con el retorno de los judíos como se había prometido por Dios durante más de 70 años a través de los profetas Jeremías e Isaías. El libro de Nehemías también habla del regreso y la reconstrucción de Jerusalén después de la finalización del exilio.

El cautiverio babilónico, tuvo un impacto muy significativo sobre la nación de Israel cuando regresó a la tierra, (no volverían a corromperse por la idolatría y los dioses falsos de las naciones vecinas). Un avivamiento entre los judíos tuvo lugar tras el regreso de los judíos a Israel y la reconstrucción del templo. Vemos esos relatos en Esdras y Nehemías cuando la nación retornaría nuevamente al Dios que los había liberado de sus enemigos.

Así como Dios había prometido a través del profeta Jeremías, Dios juzgó a los babilonios por sus pecados, y el imperio de Babilonia cayó a manos del ejército de Persia en el año 539 a.C., demostrando una vez más que las promesas de Dios son verdad.

El periodo de setenta años del cautiverio babilónico es una parte importante de la historia de Israel, y los cristianos deberían conocerla. Como muchos otros eventos del antiguo testamento, esta reseña histórica demuestra la fidelidad de Dios con Su pueblo, Su juicio sobre el pecado, y la certeza de Sus promesas.

# CAPITULO 27

# ¿Por qué Dios requería de sacrificios de animales en el Antiguo Testamento?

Dios requería el sacrificio de animales, para proveer el perdón de pecados de manera temporal y para prefigurar el sacrificio perfecto y completo de Jesucristo (Levítico 4:35; 5:10). El sacrificio de animales es un tema importante que se encuentra a través de la Escritura porque "sin derramamiento de sangre no hay perdón" (Hebreos 9:22). Cuando Adán y Eva pecaron, Dios mató a los animales para proveerles ropa (Génesis 3:21). Caín y Abel ofrecieron sacrificios al Señor. El de Caín no fue aceptado porque trajo fruto, mientras que el de Abel fue aceptado porque fue el "primogénito de su rebaño" (Génesis 4:4-5). Después de que el diluvio retrocedió, Noé sacrificó animales a Dios (Génesis 8:20-21).

Dios le ordenó a la nación de Israel que realizara numerosos sacrificios de acuerdo a ciertos procedimientos prescritos por Dios. Primero, el animal debía ser sin defecto. Segundo, la persona que ofreciera el sacrificio debía identificarse con el animal. Tercero, la persona que ofrecía el animal debía infligirle la muerte. Cuando era hecho en fe, este sacrificio proveía el perdón de los pecados. Otro sacrificio requerido en el Día de la Expiación, descrito en Levítico 16, demuestra el perdón y la remisión del pecado. El sumo sacerdote debía tomar dos machos cabríos como la ofrenda por el pecado. Uno de los machos cabríos era sacrificado en expiación por el pecado del pueblo de Israel (Levítico 16:15), mientras que el otro macho cabrío era llevado y liberado en el desierto (Levítico 16:20-22). La ofrenda por el pecado proveía perdón, mientras que el otro macho cabrío proveía la remisión del pecado.

¿Por qué, entonces, ahora ya no ofrecemos sacrificios de animales? Los sacrificios de animales han concluido, porque Jesucristo fue sacrificio máximo y perfecto. Juan el Bautista reconoció esto cuando vio que Jesús venía para ser bautizado. "He aquí el Cordero de Dios, que quita el pecado del mundo" (Juan 1:29). Probablemente te estarás preguntando ¿por qué animales? ¿Qué mal hicieron? Ese es el punto: ya que los animales no hicieron mal, ellos murieron en lugar del que ejecutaba el sacrificio. Jesucristo jamás cometió pecado, pero se dio a Sí mismo gustosamente para morir por los pecados de la humanidad (1 Timoteo 2:6). Jesucristo tomó nuestro pecado sobre Sí mismo y murió en nuestro lugar. Como dice 2 Corintios 5:21, "Al que no conoció pecado, por nosotros lo hizo pecado, para que nosotros fuésemos hechos justicia de Dios en Él". A través de la fe en lo que realizó Jesucristo en la cruz, podemos recibir el perdón.

En resumen, los sacrificios de animales fueron ordenados por Dios, para que el individuo pudiera experimentar el perdón por sus pecados. El animal servía como sustituto, es decir, el animal moría en lugar del pecador, pero solo temporalmente, por lo que los sacrificios debían ofrecerse una y otra vez. Los sacrificios de animales cesaron con Jesucristo. Jesucristo fue el último sacrificio sustituto una vez y para siempre (Hebreos 7:27) y, ahora es el único mediador entre Dios y los hombres (1 Timoteo 2:5). Los sacrificios de animales presagiaron el sacrificio de Cristo a nuestro favor. La única base sobre la cual un animal sacrificado pudo proveer el perdón de pecados es Cristo, quien se sacrificaría a Sí mismo por nuestros pecados, proveyendo el perdón que los sacrificios de animales sólo pudieron ilustrar y predecir.

# CAPITULO 28

# ¿Qué es el propiciatorio?

El escritor a los Hebreos habla acerca de la organización del tabernáculo del antiguo testamento. El tabernáculo era el santuario que se podía mover con facilidad usado por los israelitas desde el momento de su andar por el desierto después del éxodo de Egipto hasta la construcción del templo en Jerusalén (ver Éxodo 25-27). Dentro del tabernáculo estaba el arca del pacto, que incluía el propiciatorio (Hebreos 9:3-5).

El arca del pacto, el cofre que contenía las dos tablas de piedra con los diez mandamientos, era el objeto más sagrado del tabernáculo y posteriormente en el templo en Jerusalén, que fue colocado en un área interior llamada el lugar santísimo. También dentro del arca estaba la urna de oro que contenía el maná, como Dios lo proveyó durante el andar en el desierto (Éxodo 16:4), y la vara de Aarón que floreció y produjo almendras (Números 17:1-13) (ver Hebreos 9:4). En la parte superior del arca había una tapa llamada el propiciatorio sobre el que descansaba la nube o el símbolo visible de la presencia divina. Se suponía que aquí Dios iba a estar sentado, y desde este lugar se suponía que Él iba a impartir misericordia al hombre cuando allí se rociara la sangre de la expiación.

Por así decirlo, el propiciatorio ocultaba al pueblo de Dios del juicio condenatorio de la ley. Cada año en el día de la expiación, el sumo sacerdote entraba en el lugar santísimo y rociaba la sangre de animales sacrificados para la expiación de los pecados del pueblo de Dios. Esta sangre se rociaba sobre el propiciatorio. El tema expresado con esta representación, es que solamente es a través de la ofrenda de sangre que se puede quitar la condena de la ley y se pueden cubrir las violaciones de las leyes de Dios.

La palabra griega para "propiciatorio" en Hebreos 9:5 es hilasterion, que significa "el que hace la expiación" o "aplacamiento". Da la idea de la remoción del pecado. En Ezequiel 43:13-15, el altar de bronce del sacrificio también es llamado hilasterion (el propiciatorio) en la septuaginta (la traducción griega del antiguo testamento), debido a su asociación con el derramamiento de sangre por el pecado.

¿Cuál es la importancia de esto? En el nuevo testamento, Cristo mismo es designado como nuestra "propiciación". Pablo explica esto en su carta a los Romanos: "Siendo justificados gratuitamente por su gracia, mediante la redención que es en Cristo Jesús, a quien Dios puso como propiciación por medio de la fe en su sangre, para manifestar su justicia, a causa de haber pasado por alto, en su paciencia, los pecados pasados" (Romanos 3:24-25). Lo que Pablo está enseñando aquí es que Jesús es la cubierta por el pecado, como se demuestran con estas imágenes proféticas del antiguo testamento. Por medio de Su muerte, y nuestra respuesta a Cristo a través de nuestra fe en Él, todos nuestros pecados son cubiertos. Además, cuando los creyentes pecan, puede volver a Cristo, quien continúa siendo la propiciación o la cubierta por nuestros pecados (1 Juan 2:1, 4:10). Esto enlaza los conceptos del antiguo y nuevo testamento sobre la cubierta del pecado que se ejemplifica por el propiciatorio de Dios.

# CAPITULO 29

# ¿Cuál es el reino de Dios?

A menudo se hace referencia al reino de Dios en los evangelios (por ejemplo, Marcos 1:15; 10:15; 15:43; Lucas 17:20) y en otros lugares en el nuevo testamento (por ejemplo, Hechos 28:31; Romanos 14:17; 1 Corintios 15:50). El reino de Dios es sinónimo con el reino de los cielos. El concepto del reino de Dios adquiere diferentes matices en su significado en diferentes pasajes de las escrituras.

En términos generales, el reino de Dios es el reinado de un Dios eterno y soberano sobre todo el universo. Varios pasajes de las escrituras demuestran que Dios es el monarca indiscutible de toda la creación: "El Señor ha establecido su trono en el cielo, y su reino gobierna sobre todo" (Salmo 103:19). Y como el rey Nabucodonosor declaró, "El reino de Dios es un reino eterno" (Daniel 4:3). Toda autoridad existente ha sido establecida por Dios (Romanos 13:1).

Más concretamente, el reino de Dios es un reinado espiritual en los corazones y en las vidas de aquellos que están dispuestos a someterse a la autoridad de Dios. Quienes desafían la autoridad de Dios y se niegan a someterse a él, no son parte del reino de Dios; en cambio, aquellos que reconocen el señorío de Cristo y se rinden alegremente al reinado de Dios en sus corazones, son parte del reino de Dios. En este sentido, el reino de Dios es espiritual; Jesús dijo que su reino no era de este mundo (Juan 18:36), y predicaba que era necesario el arrepentimiento para ser parte del reino de Dios (Mateo 4:17). En Juan 3:5-7 se evidencia que el reino de Dios puede ser equivalente a la salvación es evidente en Juan 3:5-7, donde Jesús dice que se debe nace de nuevo para entrar en el reino de Dios. Ver también 1 Corintios 6:9.

Hay otro sentido en el que se usa el reino de Dios en las escrituras: el reinado literal de Cristo en la tierra durante el milenio. Daniel dijo que "el Dios del cielo levantará un reino que no será jamás destruido" (Daniel 2:44; cf. 7:13-14), y muchos otros profetas predijeron lo mismo (por ejemplo, Abdías 1:21; Habacuc 2:14; Miqueas 4:2; Zacarías 14:9). Algunos teólogos se refieren al futuro, a la manifestación abierta del reino de Dios como "el reino de gloria", y en el presente, la manifestación oculta del reino de Dios como el "reino de la gracia". Pero ambas manifestaciones están conectadas; Cristo ha establecido su reinado espiritual en la iglesia en la tierra, y un día él establecerá su reinado físico en Jerusalén.

El reino de Dios tiene varios aspectos. El señor es el soberano del universo, y por tanto en ese sentido su reino es universal (1 Timoteo 6:15). Al mismo tiempo, el reino de Dios implica arrepentimiento y el nuevo nacimiento, en la medida que Dios reina en los corazones de sus hijos en este mundo como una preparación para el próximo. La tarea iniciada en la tierra encontrará su consumación en el cielo (ver Filipenses 1:6).

# CAPITULO 30

# ¿Cuál es la postura de los preteristas sobre el final de los tiempos?

Según el preterismo, toda profecía en la biblia es realmente historia. La interpretación preterista de la Escritura considera el libro del Apocalipsis como un cuadro simbólico de los conflictos del primer siglo, no como una descripción de lo que ocurrirá en los últimos tiempos. El término preterismo viene del latín praeter, que significa "pasado". Así, el preterismo es el punto de vista de que las profecías bíblicas concernientes al "fin de los tiempos" ya han sido cumplidas en el pasado. El Preterismo se opone directamente al futurismo, que ve las profecías del fin de los tiempos como profecías que aún tienen un cumplimiento futuro.

El preterismo se divide en dos tipos: el preterismo completo (o consistente) y el preterismo parcial. Este artículo limitará la discusión al preterismo completo (o hiper-preterismo, como algunos lo llaman).

El preterismo niega la futura cualidad profética del libro del Apocalipsis. El movimiento preterista esencialmente enseña que todas las profecías del Nuevo Testamento del fin de los tiempos se cumplieron en el año 70 d.C. cuando los romanos atacaron y destruyeron Jerusalén. El preterismo enseña que todo evento normalmente asociado con el fin de los tiempos, es decir, la segunda venida de

Cristo, la tribulación, la resurrección de los muertos y el juicio final, ya ha ocurrido. (En el caso del juicio final, aún su cumplimiento está en proceso). El regreso de Jesús a la tierra fue un regreso "espiritual", no físico.

El preterismo enseña que la Ley se cumplió en el año 70 d.C. y que el pacto de Dios con Israel se terminó. El "cielo nuevo y tierra nueva" del que se habla en Apocalipsis 21:1 es, para el preterista, una descripción del mundo bajo el Nuevo Pacto. Así como un cristiano es hecho una "nueva criatura" (2 Corintios 5:17), así el mundo bajo el Nuevo Pacto es una "tierra nueva". Este aspecto del preterismo puede fácilmente llevar a creer en la teología del reemplazo.

Los preteristas usualmente señalan un pasaje en el Discurso de los Olivos de Jesús para reforzar su argumento. Después de que Jesús describe algunos de los acontecimientos del fin de los tiempos, dice: "De cierto os digo, que no pasará esta generación hasta que todo esto acontezca" (Mateo 24:34). El preterista toma esto como que todo lo que Jesús habla en Mateo 24 tuvo que haber ocurrido dentro de una generación desde que lo dijo - la destrucción de Jerusalén en el año 70 d.C. fue por lo tanto el "Día del Juicio".

Los problemas con el preterismo son muchos. Para empezar, el pacto de Dios con Israel es eterno (Jeremías 31:33-36), y habrá una futura restauración de Israel (Isaías 11:12). El apóstol Pablo advirtió contra los que, como Himeneo y Fileto, enseñan falsamente "que la resurrección ya se efectuó, y trastornan la fe de algunos" (2 Timoteo 2:17-18). Y la mención de Jesús de "esta generación" debe entenderse como la generación que está viva para ver el comienzo de los acontecimientos descritos en Mateo 24.

La escatología es un tema complejo, y el uso de imágenes

apocalípticas de la biblia para relacionar muchas profecías ha llevado a una variedad de interpretaciones de los eventos del tiempo del fin. Hay espacio para cierto desacuerdo dentro del cristianismo con respecto a estas cosas. Sin embargo, el preterismo completo tiene algunos defectos serios en que niega la realidad física de la segunda venida de Cristo y minimiza la naturaleza terrible de la tribulación al restringir ese evento a la caída de Jerusalén.

# CAPITULO 31

# ¿Qué es el Muro de los Lamentos?

El Muro de los Lamentos, también conocido como el Muro Occidental, es una parte de la antigua muralla que tiene 57 metros de altura, construida por Herodes el Grande como el muro de contención del complejo del Monte del Templo. El Muro de los Lamentos se encuentra en el lado oeste del Monte del Templo en la antigua ciudad de Jerusalén. Herodes el Grande construyó las capas más antiguas del muro entre los años 20 y 19 a.C. cuando el segundo templo judío estaba siendo construido. El muro tiene una longitud de 488 metros, aunque las casas construidas contra el mismo obscurecen la mayor parte de su longitud. Hoy en día, la parte expuesta del Muro de los Lamentos da con una gran plaza en el barrio judío y ha sido un lugar de peregrinación y oración para los judíos desde el siglo XVI. Cabe señalar que los judíos no suelen usar el término Muro de los Lamentos, ellos prefieren el término Muro Occidental, o HaKotel ("el Muro").

Al menos 17 capas del Muro de los Lamentos están por debajo del nivel de la calle, pero las enormes piedras inferiores llamadas sillares de la porción visible, datan de la época de Herodes. Estas colosales piedras calizas, cada una con un peso entre una y ocho toneladas, fueron diseñadas con una exactitud magistral, para que encajen perfectamente la una contra la otra sin necesidad de mortero. Algunas de las uniones, sin embargo, se han deteriorado, y los judíos ortodoxos llenan muchos de los agujeros en los bloques inferiores con oraciones escritas. A diario, muchos judíos se reúnen en el muro para orar, cantando y balanceándose frente a la pared. Hacen oraciones diarias y del día de reposo, y celebran el Bar y Bat Mitzvá.

El Muro de los Lamentos toma su nombre del término árabe tradicional para la pared, El-Mabka ("el Lugar del Llanto"), debido a la tristeza de los judíos expresada por la pérdida de su templo. Los judíos dejaron de usar el término Muro de los Lamentos tras la Guerra de los Seis Días en 1967. Una vez Jerusalén estuvo nuevamente bajo la soberanía israelí, los judíos tomaron la postura oficial de que el Muro Occidental debía ser un lugar de celebración general y no un lugar de luto.

Cada año en Tisha b'Av en agosto, los judíos guardan un ayuno para conmemorar la destrucción de sus templos, con adoradores recitando las lamentaciones y otras endechas. El primer templo, el templo de Salomón, se construyó durante su reinado entre los años 970-930 a.C. y destruido por Nabucodonosor y los babilonios en el año 586 a.C. El templo fue reconstruido en el año 516 a.C., con una importante expansión en el año 19 a.C. por Herodes. Los romanos bajo Tito destruyeron el templo de Herodes en el año 70 para doblegar la rebelión judía que se había prolongado durante cuatro años.

La destrucción del templo de Herodes en el año 70 por Tito, fue predicha por Jesús en Mateo 24:1-2, y Lucas 23:28-31. La biblia también predijo la restauración de los judíos a su tierra natal (Ezequiel 36:24, 33-35). La nación de Israel fue restablecida el 15 de mayo de 1948, por una resolución de las Naciones Unidas.

Aunque el pueblo judío ha sido restaurado a su nación geográfica y política, todavía tienen que ser restaurados en su relación de pacto con Dios, porque ellos han rechazado a su mesías, Jesucristo. Como consecuencia del rechazo de Israel hacia el mesías, Dios ha detenido Su obra con la nación física de Israel. Israel será restaurado, y finalmente Dios cumplirá todas Sus promesas con la nación. Hoy, Dios está obrando a través de Su iglesia y de cada persona (judíos y gentiles), que tienen el Espíritu Santo (Romanos 1:16; 2:28-29). En la era del nuevo pacto en Jesucristo, aquellos que reciben el perdón y salvación a través del sacrificio expiatorio de Jesús, se convierten en hijos de Dios y, por lo tanto, son llamados "linaje de Abraham" (Gálatas 3:26-29).

# SOBRE EL AUTOR

### Dr. José De La Rosa

Dr. José De La Rosa es el presidente y fundador de la Federación de Ministros Global (FEDGLOMI) y de FEDGLOMI University, FL, es también supervisor de la Escuela Teológica World Christian Center, Georgia, Estados Unidos de Norte América. Tiene un Doctorado en Divinidades de la Revelation University es autor y coautor de numerosos libros, en inglés y español entre ellos Fe La Moneda del cielo: *La Dualidad de la Fe, Faith: Heaven's Currency: The Duality of Faith, Una Vez Salvo Siempre Salvo: Verdad o Falsedad, Once Saved Always: true or Counterfeit La bendición Sabe, The Blessing Knows, Etiqueta y Protocolo el Arte para Acceso Ilimitado, Etiquette and Protocol: the Art of unlimited Access, el Viaje de Dodiez para la Grandeza, La Lucha de Dodiez* para encontrar la cura y otros.

Contacte al Dr. De La Rosa Correo electrónico: fedglomi@gmail.com

P.O BOX 1782 Buford Ga 30515

Distribuido por La Embajada de Gracia.
www.laembajadadegracia.com

Made in the USA
Middletown, DE
02 June 2021